国际消费中心城市

理论、政策与实践

INTERNATIONAL CONSUMPTION CENTER CITY

Theory, Policy and Practice

王微 王青 刘涛 等著

中国发展出版社
CHINA DEVELOPMENT PRESS

图书在版编目（CIP）数据

国际消费中心城市：理论、政策与实践/王微等著．—北京：中国发展出版社，2021.7（2022.4 重印）

ISBN 978－7－5177－0460－7

Ⅰ.①国… Ⅱ.①王… Ⅲ.①国际性城市—城市建设—研究—中国 Ⅳ.①F299.2

中国版本图书馆 CIP 数据核字（2021）第 115906 号

书　　名：国际消费中心城市：理论、政策与实践
著作责任者：王 微　王 青　刘 涛　等
出 版 发 行：中国发展出版社
联 系 地 址：北京经济技术开发区荣华中路 22 号亦城财富中心 1 号楼 8 层（100176）
标 准 书 号：ISBN 978－7－5177－0460－7
经　销　者：各地新华书店
印　刷　者：北京市密东印刷有限公司
开　　本：710mm×1000mm　1/16
印　　张：14
字　　数：180 千字
版　　次：2021 年 7 月第 1 版
印　　次：2022 年 4 月第 2 次印刷
定　　价：68.00 元

联 系 电 话：（010）68990630　68990692
购 书 热 线：（010）68990682　68990686
网 络 订 购：http://zgfzcbs.tmall.com
网 购 电 话：（010）68990639　88333349
本 社 网 址：http://www.develpress.com
电 子 邮 件：174912863@qq.com

序

马建堂

2020年以来，习近平总书记多次就如何科学认识和深刻把握国内外大势作出重要论述，提出了关于加快形成以国内大循环为主体、国内国际双循环相互促进的新发展格局的理论。这一理论是习近平新时代中国特色社会主义思想的重要组成部分，是马克思主义政治经济学的最新理论成果，是在当今世界百年未有之大变局加速演进的背景下，与时俱进提升我国经济发展水平、塑造我国国际经济合作和竞争新优势的战略抉择，为我国新发展阶段开启社会主义现代化新征程、谋划和推动高质量发展提供了根本遵循和行动指南。

改革开放40多年来，经过全国人民的不懈奋斗，我国国内生产总值超过100万亿元、中等收入群体超过4亿人、科技人力资源总量超过1亿人等超大规模市场优势进一步显现，拥有规模庞大、供求多元、创新活跃、拉动力强的内需市场，特别是消费市场。这使我国有条件也完全有能力形成兼具活力和韧性的国内大循环。同时，也要看到我国经济已经高度融入世界，我们构建的不是封闭的国内大循环，而是通过扩大高水平开放，建设更高水平开放型经济新体制和开放型世界经济，以国际循环提升国内大循环效率和水平，实现国内国际双循环互促共进。

为了充分发挥国内超大规模市场优势和更好地利用“两个市场、两种资源”，党的十九届五中全会通过的《中共中央关于制定国民经济和社会发展第十四个五年规划和二〇三五年远景目标的建议》以及第十三届全国人民代表大会第四次会议审查批准的《中华人民共和国国民经济和社会发展第十四个五年规划和2035年远景目标纲要》中提出了坚持扩大内需这个战略基点，并对全面促进消费作出了一系列重大部署，“培育建设国际消费中心城市”就是其中的一项重要工作任务。

国际消费中心城市是国内消费市场升级的高级形态，也是对接全球消费市场、吸引全球消费者的枢纽和平台，对新发展阶段构建新发展格局至关重要。特别是随着消费对我国国民经济拉动作用的提高，在居民消费结构持续升级、国内外消费联动日益形成以及城乡消费一体化格局不断强化的大背景下，培育建设国际消费中心城市是全面促进消费、培育增长新动能的重要途径，有利于持续增强消费对经济增长的贡献，使国内市场成为吸引国际消费品和服务的巨大引力场，将为新发展格局加快构建提供有力支撑。

国务院发展研究中心市场经济研究所长期致力于消费、流通、服务业等领域的研究。近年来，本书的作者们围绕国际消费中心城市这一主题进行了基础扎实、卓有成效的研究，形成了较丰富的研究成果，为党中央、国务院提出了一些有价值的政策咨询建议。他们在过去研究的基础上，将相关报告结集出版，相信会对社会各界理解加快建设强大国内市场和构建新发展格局有积极的参考价值。

是为序。

2021年4月20日

（作者为国务院发展研究中心党组书记、研究员）

目录

理论篇

国际消费中心城市形成和发展的若干思考

政策篇

新阶段我国加快国际消费中心城市建设的政策研究

地方实践篇

理论篇

国际消费中心城市形成和发展的若干思考

国际消费中心是经济全球化时代国际大都市的重要核心功能，是具有丰富消费内容、高端消费品牌、多样消费方式、优越消费环境，能够吸引全球消费者的高度繁荣的消费市场，是全球消费资源的配置中心以及引领全球消费发展的创新高地。从世界范围看，国际消费中心城市是具备国际消费中心功能的大型城市，是伴随全球化持续发展和全球消费市场一体化的重要产物。

一 国际消费中心城市的内涵、特征及衡量指标

（一）国际消费中心城市的内涵和主要特征

随着发达国家经济发展进入后工业化时代，美国学者爱德华·格莱泽（Edward Glaeser）等人在深入研究纽约、芝加哥等大都市消费市场的基础上，率先提出了“消费城市”（Consumer City）的概念[①]。他们认为，城市要能够提供丰富的商品和服务，拥有宜人的环境、富有美感的建筑，成为商品和服务的消费中心，大型城市的发展将越来越依靠作为消费中心的城市功能，宜居度高的城市发展速度要快于宜居度低的城市。20 世纪 90 年代以来，在经济全球化不断深入的背景下，发达国家的一些国际大都市，如纽约、伦敦、巴黎、东京等，依托其发达的消费市场、便捷的交通网络以及完善的消费环境，极大地吸引和集聚了来自全球的消费资源与消费人群，成长为国际消费中心城市。

所谓国际消费中心，是经济全球化时代国际大都市的重要核心功能，是具有丰富消费内容、高端消费品牌、多样消费方式、优越消费环境，能够吸引全球消费者的高度繁荣的消费市场，是全球消费资源的配置中心以及引领全球消费发展的创新高地。

国际消费中心城市是消费城市的高级形态，是具备国际消费中心功能的大型城市，有着不同于普通消费城市的突出特征。

第一，国际消费中心城市是全球消费市场的制高点，具有强大的消

① Edward L. Glaeser, Jed Kolko, Albert Saiz. “Consumer City”, NBER Working Paper, 2000, 7790.

费实现功能。国际消费中心城市是一国繁荣发达的消费市场，其规模和能级在世界范围也名列前茅，拥有全球影响力和美誉度的标志性商圈，还有涵盖购物美食、旅游观光、体育娱乐、文化创意、特色演艺、医疗健康、展览展示等的较为完善的消费服务业体系，极大满足了本国消费者对国际化、高品质、时尚性的消费需求，也广泛吸引和汇聚了世界各地的消费者，为其提供特色化、多层次、便捷性的消费选择。

第二，国际消费中心城市是全球消费资源的集聚地，具有高效的消费配置和带动功能。凭借国际大都市在全球城市网络中的枢纽地位，国际消费中心城市往往是全球著名消费品牌、各类消费资源高度集聚的地区，也是一国对外展示和输出本国特色消费品牌、消费文化的首要门户。同时，国际消费中心城市还是一国以及全球消费服务业知名企业总部的所在地，是一国乃至全球范围消费资源的配置中心，能够对相关产业、基础设施与公共服务的投资起到导向作用，从而带动全球消费品供给增长和服务能力提升。

第三，国际消费中心城市是全球消费发展的风向标，具有显著的消费创新和引领功能。随着新一轮科技革命和产业变革的加速兴起，特别是人工智能、区块链、云计算、大数据等新兴技术的普及，应用场景不断拓展，全球消费正悄然发生着深刻变革。新产品、新服务、新时尚大量涌现，推动了国际消费中心城市成为新消费的展览展示中心、时尚发布中心、应用体验中心，不仅进一步提升了国际消费中心城市的发展能级，而且使国际消费中心城市成为引领全球消费扩张和加快升级的增长极。

（二）国际消费中心城市的衡量指标

根据国际消费中心城市的内涵和主要特征，考虑所选指标的代表性、可比性以及数据可获得性，可以从四个方面对国际消费中心城市发展水平进行衡量。

第一，集聚能力。包括消费品零售额在本国和全球的排名、入境游客数量及人均消费额、外籍常住人口占常住人口比重三项指标。

第二，配置能力。包括国内外消费服务企业总部数量、国际知名品牌数量、免税店数量三项指标。

第三，引领能力。包括重要展会和时尚品牌发布活动数量、国际知名品牌展示和体验中心数量两项指标。

第四，配套环境。包括人均商业面积、国际通航城市数量、五星级酒店占比、自动取款机普及率、公共场所无线网络覆盖率五项指标。

二 国际消费中心城市的形成条件与发展趋势

从全球范围看，国际消费中心城市的形成和发展具有诸多共性条件与趋势。

（一）国际消费中心城市的形成与经济发展水平紧密联系

当一国经济发展进入工业化后期，人们收入水平大幅提高，全社会生产能力、技术水平明显进步，商品和服务的供给充裕，消费成为拉动经济发展的主要动力。一方面，不断壮大的中等收入群体对商品品质、服务体验有了更高要求，带动了全社会消费的持续升级，促进了中高端商品和服务供给的增长。另一方面，随着城市化水平的提高和城市群的形成，消费资源日益向城市，特别是向人口规模大、区位条件好、经济水平高、基础设施优的大型城市或城市群中心城市加快集聚，推动了大型中心城市消费市场的繁荣扩张，从而成为一国乃至全球领先的消费中心。据统计，全球 140 个主要消费城市的人口仅占全球的 13%，而消费支出额占到全球的 33%，经济总量占到全球的 36%[①]。在这些城市中，纽约、伦敦、巴黎、东京等城市集聚的高端零售品牌数量最多，而这些城市无疑都是综合实力强、发展水平高的国际消费中心城市。

消费人群的大量涌入、消费市场的繁荣扩张，不仅提高了大型中心城市的发展能级，而且促进了城市功能的丰富拓展，涌现出消费活动高度集中、消费服务业高度集聚的城市新型功能区域，如大型商圈或商业街区，推动了大型中心城市加快向消费驱动、服务业主导的经济结构转变，商业服务、文化娱乐、新兴科技等成为大型中心城市经济发展的新动力。更重要的是，大型中心城市繁荣发达的消费市场、丰富多样的消费服务功能，极大提升了城市的发展质量和竞争力，其在休闲文化方面所展现的“舒适场景”，成为集聚高收入、高素质、高品位的国内外消费群体和高端人才的独特优势，为国际消费中心城市的形成奠定了基础。

（二）国际消费中心城市是消费全球化的推动者和受益者

随着生产和贸易全球化的深化，人们生活所需的各种商品和服务可以从全球范围获得，直接影响着世界各地消费者的偏好和选择，消费者逐渐接受全球文化，希望在生活方式和日常消费等方面符合世界流行趋势。日益发达的交通通信网络，也打破了时空阻隔，降低了消费成本，加快了人员流动与信息传播，促进了消费观念和方式的渗透融合，形成全球消费导向（Global Consumption Orientation）[②]。

---

① 根据 Oxford Economics 相关资料计算得到。

② Dana L. Alden，Jan-Benedict E. M. Steenkamp，Rajeev Batra，2006. “Consumer attitudes toward marketplace globalization：structure，antecedents and consequences”，International Journal of Research in Marketing，23：227 –239.

在消费全球化的进程中，纽约、伦敦、巴黎、东京等处于一国或全球领先地位的消费城市，凭借其繁荣活跃的消费市场、丰富多样的消费服务业以及便捷通达的交通网络等，逐渐成为吸引全球消费资源的主要汇聚地和带动全球消费发展的龙头，在消费全球化中担当引领角色，实现从普通消费城市向具有强大的消费向心力和美誉度的国际消费中心城市跃升。

更重要的是，国际消费中心城市的形成和发展，不仅促进了全球消费市场的一体化，而且对全球消费和服务业的结构调整及创新升级起到引领作用，特别是对各国消费品制造业、消费服务业的高质量发展发挥了重要的推动作用。例如，巴黎与法国时尚产业的发展、伦敦与英国文化创意产业的发展等。因此，培育和发展国际消费中心城市已成为一国促进产业升级的重要途径，对提高一国全球化参与度和话语权也起到有力的支撑作用。

（三）国际消费中心城市的发展有赖于开放包容的环境与完善的制度政策

国际消费中心城市的形成和发展，一般都要有稳定的政治环境、完善的市场经济制度和良好的社会治安，更重要的是，还要具备高水平的开放性、包容性和有利于消费发展的政策支持。

在开放性方面，国际消费中心城市不仅需要高度开放的贸易与投资环境、相对完备的国际商业规则和法律体系，还需要满足国际签证便利、人员往来通达、货币兑换和支付便捷等条件。在包容性方面，国际消费中心城市要能够接纳多元文化和消费群体，没有民族、宗教、性别歧视，国际通用语言的普及应用水平高。在消费政策方面，国际消费中心城市还需要健全的消费者权益保护制度、放心满意的消费环境以及合理的税收激励措施等。

(四) 国际消费中心城市的发展日益多样化和层次分化

由于地理区位、市场条件、文化传统及政策环境等差异，国际消费中心城市的发展各具特色。

一是大型化、综合化发展。主要是在发达经济体。国际消费中心城市依托国际大都市完善的基础设施、服务体系和消费环境，形成了多元化消费功能、国际化高端品牌、全球化企业总部高度集聚的城市功能区，与国际贸易中心、金融中心等一同成为城市重要的核心功能。主要代表有纽约、伦敦、巴黎、东京等。

二是专业化、特色化发展。主要是在新兴工业化国家或具有较强区域影响力的国际大都市。以某一领域的特色消费为引领，通过相关消费功能完善和消费服务业升级而形成的国际消费中心城市。例如，依托知名旅游目的地发展起来的迪拜，依托“韩流”文化和医疗美容等发展起来的首尔，依托影视发展起来的洛杉矶，等等。

三是层次化、网络化发展。受地域、人口和发展阶段不同的影响，国际消费中心城市在规模和影响力等方面呈现较大差异，可以大体分为全球性国际消费中心城市和区域性国际消费中心城市两类。前者占据全球城市网络体系的制高点，对全球消费资源配置具有领导力；后者则主要依托区域市场和特色消费，在一定区域发挥集聚、配置和引领作用。

对于综合实力强的大国和一体化程度高的区域而言，在发展中一般会出现若干个功能互补、层次不同的国际消费中心城市。例如，美国既有纽约这样的全球性国际消费中心城市，也有洛杉矶、芝加哥、迈阿密等区域性国际消费中心城市；欧洲既有伦敦、巴黎这样的全球性国际消费中心城市，也有米兰、巴塞罗那、阿姆斯特丹等区域性国际消费中心城市。它们都对促进全球消费扩张和升级、推动本国以及更广范围的经济发展发挥了重要作用。

三 国际消费中心城市建设和发展的经验

（一）打造具有全球影响力和美誉度的标志性商圈

具有全球影响力和美誉度的标志性商圈，是国际消费中心城市的主要标志，也是世界消费流行趋势的集中体现。为此，很多国家及其相关城市政府都高度重视核心商圈的发展，在城市规划、基础设施建设、商业街区保护、舆论宣传等方面给予支持，极大改善了核心商圈的发展环境，吸引来自世界各地的消费者和经营者进入商圈，不断提高商圈的发展能级，使之成为国际消费中心城市发展的龙头。

例如，在巴黎，以著名的香榭丽舍大街为核心，形成了蒙田大道、奥斯曼大道、圣奥诺雷街等多个著名商圈，包括十几条呈辐射状的商业繁华街区。这里不仅集聚了全球最著名的国际品牌以及上千家不同业态的商铺，还汇聚了大量餐饮、休闲、演艺、展览、娱乐等消费场所，商业氛围浓厚，可以让消费者近距离感受法国文化，领略全球消费潮流风尚。

（二）完善高效便捷安全的消费环境

首先，提升交通网络的通达性。各国建设国际消费中心城市，都普遍重视加强基础设施建设，密切与国内外城市的互联互通，完善以空港、海港为枢纽的网络化交通体系。同时，强化城市内部交通设施与商业消费空间的结合。以东京为例，地上地下形成了四通八达的立体交通网络，无论用哪种方式都能实现便利出行。在主要商业街区，通过建设相互连通的地下廊道，人流可以便捷地穿梭于不同消费场所。另外，满足老年人以及特殊群体的公共设施也相对健全，且人性化程度高。

其次，利用现代信息技术提高消费便利性和智能体验。在伦敦、巴黎、东京等国际消费中心城市，免费的无线网络几乎全面覆盖城市中心区域，可随时定位显示位置、寻找目标商户、即时获取促销信息、实现车位引导和反向寻车等。

再次，注重加强消费者的信息安全保护。例如，2019 年纽约州通过了《制止黑客和改善电子数据安全法案》（*Stop Hacks and Improve Electronic Data Security Act*）。该法案将信息范围扩大到包括生物特征信息、电子邮件地址及其相应的密码或安全性问题和答案，将数据泄露定义扩大到对个人信息的未经授权访问，将适用主体扩大到任何拥有纽约居民个人信息的个人或实体。

最后，加强宣传和信息服务。国际消费中心城市政府通过发放免费宣传资料、提供旅游咨询等，为国内外消费者提供相关服务。为适应大数据时代发展要求，纽约于 2012 年通过《开放数据法案》（*Open Data Law*），这是美国历史上首次将政府数据大规模开放纳入法律，由此建立了一个基于城市社会运行数据的生态系统。其中，既有按邮政编码分区的历史统计数据，也有地铁、公交系统的实时数据，还包括停车泊位、旅游景点、餐饮卫生、住房租售等相关数据，促进了纽约国际消费中心城市的不断发展。

（三）营造多行业融合互动的消费生态

国际消费中心城市的发展不是以单一行业为支撑的，而是商业、旅游、文化、体育、会展等多个行业联动发展的有机整体，从而实现消费的规模效应，形成对国内外消费者的足够吸引力。无论是大型化、综合化的国际消费中心城市，还是专业化、特色化的国际消费中心城市，都凭借关联行业的整体优势，集聚了大量入境游客及消费。据统计，2019年伦敦、巴黎的入境游客数量均超过1900万人，人均消费额分别为863美元和736美元；纽约的入境游客数量为1360万人，人均消费额高达1208美元；东京的入境游客数量为1293万人，人均消费额为1065美元；首尔的入境游客数量为1125万人，人均消费额为828美元（见图1－1）。

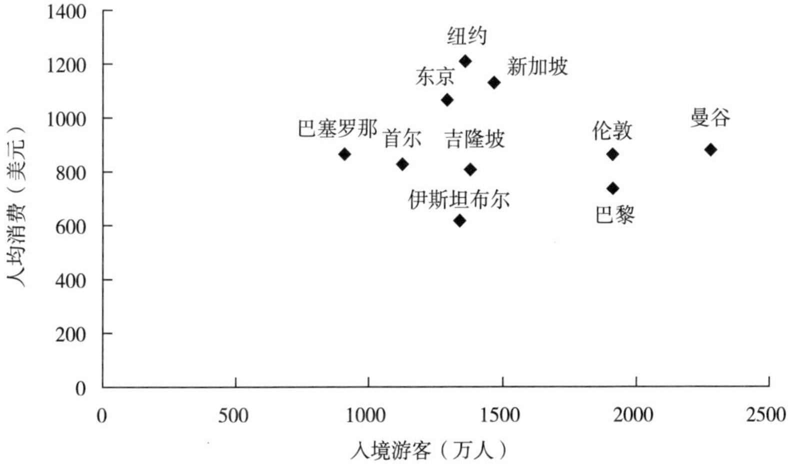

图1－1　2019年全球主要城市入境游客数量及人均消费额

资料来源：MasterCard Global Destination Cities Index 2019。

从实践来看，东京的六本木新城在发展中将商业活动与文化、观光旅游相结合，通过引入东京电影节、国立美术馆、森美术馆等文化活动和设施，提升了六本木在文化艺术消费方面的品牌形象，并成为重要的旅游目的地，年接待国内外游客3900万人次。另外，韩国提出打造“国际性医疗服务枢纽”的目标，大力发展美容观光、保健观光，鼓励旅游观光部门配合医疗卫生部门吸引海外消费者，对取得显著成绩的给予表彰奖励等，从而使得医疗健康成为首尔国际消费中心城市建设和发展的一大特色。

此外，在全球范围的“互联网+”蓬勃发展的背景下，国际消费中心城市发展也更加注重线上线下互动，进一步完善“互联网+”时代的消费生态体系。例如，美国的eBay于2013年研发了“可购物橱窗”并率先投放到纽约曼哈顿，它安装在建筑物外墙的展示橱窗上，消费者通过触摸屏浏览下单，并支持货到付款。它的应用打破了购物的线上线下界限，为一些新品牌在缺乏实体门店的情况下打开线下目标市场提供了新渠道。

（四）促进公平竞争和消费者权益保护

一些发达国家制定了严格的法律制度，促进市场公平竞争，保障了国内外经营者的正当权益，也推动了国际消费中心城市的发展。一方面，加强对商标的保护。例如，美国的《兰哈姆法》规定，保护注册和未注册驰名商标免于未经授权的使用或注册，无论该驰名商标是否源自国内，均执行相关国际条约规定的驰名商标保护标准。美国联邦法律还通过禁止他人在相同、类似、关联甚至不相关联的商品或服务上注册或使用近似商标来保护在先商标，只要该注册或使用存在混淆可能性，驰名商标所有人就可以向联邦法院提起侵权诉讼。另一方面，打击不正当竞争行为。例如，日本的《不正当竞争防止法》规定，仿冒、淡化、依样模仿、窃取他人商业秘密、商业诋毁和虚假宣传，属于应当予以制止的不正当竞争行为。

另外，在维护消费者合法权益方面，国际消费中心城市也基本建立了相对完备的消费者权益保护体系以及配套的消费纠纷解决机制。专门的政府机构或非营利组织会不定期发布商品和服务质量的信息，并为消费者维权提供帮助。

（五）实行有利于消费集聚和实现的税收政策

目前，很多国际消费中心城市所在的国家基本都开征了消费税，其目的主要不是筹集财政收入，而是引导特定消费行为。虽然2008年国际金融危机爆发后不少国家都出现扩大消费税征收范围或提高税率的情况，但还都能与本国居民消费习惯及消费水平相适应，保护相关生产者的积极性，尽可能为企业生产经营和居民消费减轻税负。

国际消费中心城市大多建立了较为完善的免税购物和离境退税制度。人们能够在免税店购买全球著名的高档消费品，更重要的是，可以买到独具特色的国产商品。一些国际消费中心城市的免税店销售国产商品的比重占到30%～40%，既扩大了出口，也提高了本国品牌的知名度。另外，新加坡2012年就实行了离境电子退税，入境游客购物时只需一张信用卡作为支付手段，离境时可在三分钟内完成退税流程，为国外游客提供了便利。

“建设国际消费中心城市的政策研究”课题组

课题负责人：王　微

课题协调人：刘　涛

课题组成员：任兴洲　王　青　漆云兰　李　布

执　笔　人：王　微　刘　涛

政策篇

新阶段我国加快国际消费中心城市建设的政策研究

当前，我国正处在“两个一百年”奋斗目标的历史交汇期，促进消费和服务业快速发展，已成为推动高质量发展、构建新发展格局的内在要求。“十四五”时期是我国加快国际消费中心城市建设的关键阶段，一些消费市场发展领先的大型中心城市，已具备向国际消费中心城市转型的条件和基础。但在探索实践过程中，这些城市也面临一系列问题和障碍，迫切需要国家加强战略谋划和体制机制创新，以大型中心城市为依托，以供给侧结构性改革为主线，以“增供给、补短板、优环境、推改革、建示范”为重点，加快建设国际消费中心城市。

一 新阶段我国加快国际消费中心城市建设的必要性和迫切性

加快建设国际消费中心城市是我国应对百年未有之大变局、推动高质量发展的关键举措，是全面促进消费、培育增长新动能的重要途径，也是加快构建以国内大循环为主体、国内国际双循环相互促进的新发展格局的有力支撑。

（一）加快建设国际消费中心城市具有重要意义

1. 构建新发展格局需要依托国际消费中心城市形成新动能

在世界百年未有之大变局加速演进的背景下，在我国全面建成小康社会目标如期实现的情况下，构建以国内大循环为主体、国内国际双循环相互促进的新发展格局，是与时俱进提升我国经济发展水平的战略抉择，也是塑造我国国际经济合作和竞争新优势的战略抉择。“十三五”期间，超大规模市场已成为我国经济发展新的比较优势，内需对经济增长的贡献率保持在85%以上，其中最终消费支出的贡献率超过55%，2019年为57.8%（见表2-1）。

表2-1　2016—2019年我国三大需求对经济增长的贡献率　　单位：%

年份	最终消费支出	资本形成总额	货物和服务净出口
2016	66.5	45.0	-11.5
2017	57.5	37.7	4.8
2018	65.9	41.5	-7.4
2019	57.8	31.2	11.0

资料来源：《中国统计年鉴2020》。

根据国际经验和我国实践，实现消费的稳步扩张和持续升级，需要通过消费中心城市以点带面的引领带动，依靠从消费中心城市到区域消费城市、再到广大城镇及农村地区的路径。随着消费对国民经济促进作用的提高，在居民消费结构持续升级、国内外消费联动日益形成以及城乡消费一体化格局不断强化的大背景下，要加快构建新发展格局，迫切需要持续增强消费对经济增长的贡献和支撑。这就要求在原有消费格局的基础上，加快形成若干国际消费中心城市，不断集聚新的消费资源，进一步培育和强化其对更大范围消费的拉动能力，使国内市场成为吸引国际消费品和服务的巨大引力场。

2. 推进新型城镇化迫切需要形成以国际消费中心城市为支点的新型消费格局

大型城市群是集聚和实现消费的重要载体。从实践上看，我国消费规模与城镇化水平总体呈现正相关的关系。而且，当一个地区城镇化率超过55%时，居民人均消费支出将出现加速增长态势（见图2－1）。随着我国新型城镇化的持续推进以及大型城市群、大都市圈的不断形成，迫切需要强化国际消费中心城市的辐射带动功能，适应区域乃至全国消费较快增长的内在要求，逐步形成以国际消费中心城市为支点的消费新格局，增强消费与城镇化之间的良性互动。

3. 国内外消费一体化、构建更高水平开放型经济迫切需要以国际消费中心城市为平台和载体

随着经济全球化的持续推进，我国对外经贸交流合作开始从出口加工为主，逐步转向内外贸一体化发展，而消费结构的持续升级和跨境消费的蓬勃发展，日益打破国内外消费在时间、空间上的时滞和梯度。一方面，大量消费品进口越来越集中在消费能力强、区位优势明显、物流基础设施发达的城市，建立了从国际到国内市场的快速通道和分拨渠道；

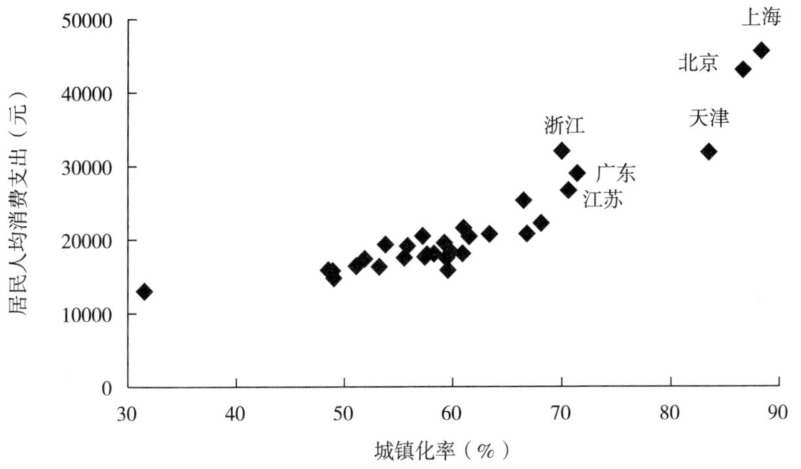

图 2－1　我国居民人均消费支出与城镇化率的关系

资料来源：《中国统计年鉴 2020》。

另一方面，国内优质商品也借助外贸综合服务能力强、跨境电商资源集聚度高、专业市场群发达的城市寻求出口。以跨境电商为例，据统计，2019 年我国跨境电商交易规模达到 10.5 万亿元，比 2011 年增长 5.2 倍，年均增速为 25.6%（见图 2－2）。2019 年，跨境出口和进口分别达到 8 万亿元和 2.5 万亿元，跨境电商交易额占进出口贸易总额的比重也上升到 33.3%，跨境电商成为我国对外贸易和对外开放的重要通道和新增长点。

我国内外贸一体化、国内外消费一体化的双向通道及服务集群，主要布局在东部沿海的发达城市群以及中西部“一带一路”建设的重要节点。因此，为了进一步促进国内外消费一体化，加快构建更高水平的开放型经济，迫切需要在提升传统消费及贸易功能的同时，强化国际商品和服务进口及贸易功能。国际消费中心城市将成为内外贸一体化的重要平台和载体，也将成为商品和服务消费的实现地，进一步强化其集聚消费和内外贸“二传手”的双重作用。

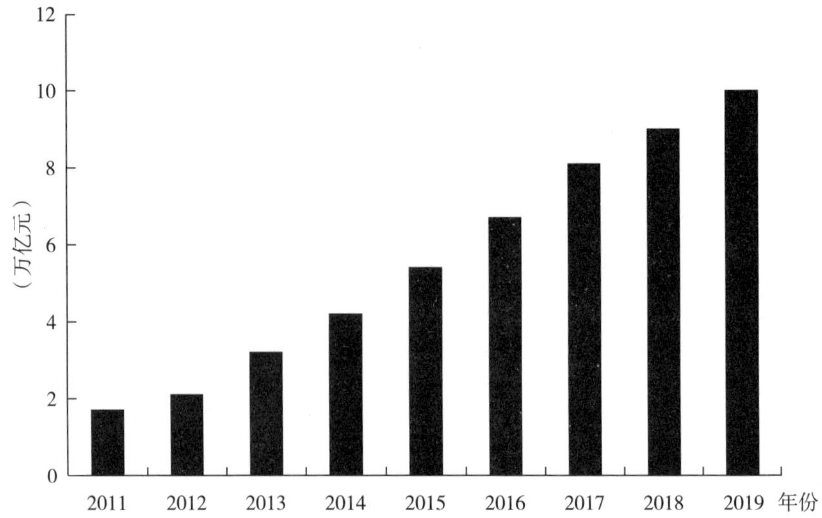

图 2－2　2011—2019 年我国跨境电商交易额的增长

资料来源：中国电子商务研究中心。

4. 激活创新创业和深化供给侧结构性改革迫切需要强化国际消费中心城市的互动和对接功能

当前，我国模仿型、排浪式消费阶段基本结束，消费需求日益呈现多样化、多层次和个性化特征，市场不断细分，服务消费占比稳步提高，对商品和服务供给结构的适应性调整提出了迫切要求。同时，“互联网＋”“智能＋”为商品流通、商业模式创新和服务创新提供了新的手段，跨界融合等已成为未来供给结构调整和创新的重要方向。这些都极大拓展了众多中小微企业的创新创业空间。再有，商品交易和服务消费的发展，不仅具有明显的规模经济和关联性，而且对制度和高端人才、金融等要素供给的敏感度较高，对信用体系、法规标准、法治基础和营商环境等也有较高要求。这将促进政府部门在监管体系、治理体系、法治环境和贸易规则等方面加快改革和创新。建设国际消费中心城市，有利于进一步发挥中心城市整合资源、集聚要素和制度创新等优势，是激活创新创业、建立良好消费生态、培育和挖掘消费新增长点的重要支撑和途径。

5. 大型中心城市转型升级迫切需要以国际消费中心城市为目标重塑城市功能

随着产业结构和生产力布局的调整，大型中心城市传统制造业的比较优势日趋弱化，城市功能也伴随产业和人口结构的变化发生深度调整，迫切需要一些大型中心城市加快城市功能的升级和重塑城市消费功能，形成并提升以新型消费和服务经济为核心内容的城市功能，实现发展动力的顺利接续。在一些具备条件和基础的大型中心城市，以服务经济为主导、以新型消费为引领、以创新创业为抓手、以制度创新为支撑，建设国际消费中心城市，对于传统的大型中心城市巩固和厚植原有优势、进一步扩大服务消费、打造全新城市功能、实现消费与相关产业的协调互动具有重要的推动作用，已成为大型中心城市转型升级的必然选择。

（二）加快建设国际消费中心城市具备较好基础和条件

总体而言，在市场需求、商业技术、产业组织和消费政策等方面，我国已具备建设国际消费中心城市的基础条件和制度环境。上海、北京、深圳等大型中心城市也已在建设国际消费中心城市方面开展了探索实践。

1. 居民消费升级为建设国际消费中心城市提供了需求支撑

随着经济社会的不断发展，我国居民收入实现了较快增长。2013—2019 年，城镇居民人均可支配收入从 26467 元提高到 42358. 8 元，农村居民人均可支配收入从 9429. 6 元提高到 16020. 7 元。在收入持续增长的拉动下，城乡居民消费支出也分别从 2013 年的 18487. 5 元、7485. 1 元提高到 2019 年的 28063. 4 元、13327. 7 元（见图 2 - 3）。

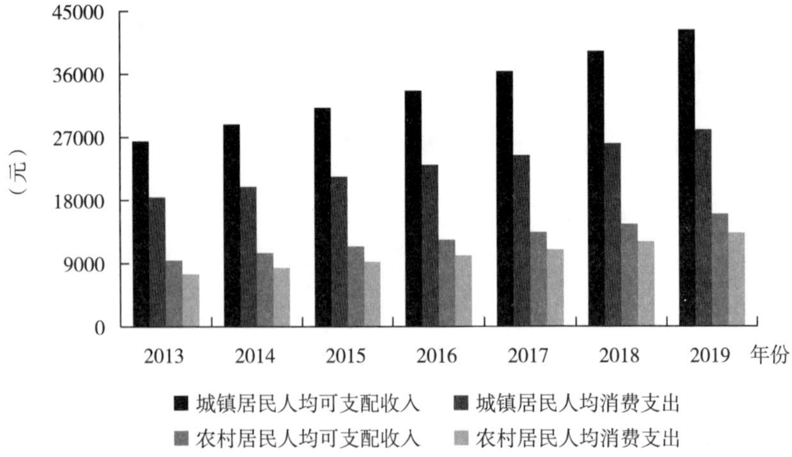

图 2－3　2013—2019 年我国城乡居民人均可支配收入和人均消费支出的增长

资料来源：《中国统计年鉴 2020》。

更重要的是，我国居民消费结构持续升级，呈现从注重数量满足向追求质量提升、从以商品消费为主向更多服务消费等一系列转变。近年来，我国中等收入群体人数及收入水平的增长相对较快，目前中等收入群体规模超过 4 亿人。在城镇化格局、人口结构等不断变化的情况下，我国服务消费、中高档进口商品消费、婴幼儿及老年群体消费均出现快速增长的态势。以服务消费为例，2019 年居民人均服务消费支出占整个消费支出的比重达到 45.9%，比 2013 年提高 6.2 个百分点。可见，消费水平的提升和消费结构的升级，将为我国建设国际消费中心城市提供强劲的需求支撑和坚实的市场基础。

2. 大型中心城市消费市场快速发展及其消费集聚能力提升为国际消费中心城市建设提供了重要载体

根据我国居民消费增长与城镇化的内在关系，当城镇化率突破 55% 时，居民消费规模将呈现加速扩张的态势。2019 年，我国城镇常住人口占总人口的比重已达到 60.6%，表明我国整体上已进入消费快速扩张的新阶段，城市在未来我国消费增长中的主导地位将进一步凸显，大型中心城市将成为我国建设国际消费中心城市的依托和主要载体。

一方面，在新型城镇化持续建设和城市群一体化发展的推动下，我国一些大型中心城市的消费集聚功能日益显著。2019 年，我国城镇消费品零售额达到 35.1 万亿元，占社会消费品零售总额的 85.3%，表明城市已成为我国消费实现和增长的主要部分。值得注意的是，消费向大型城市特别是区域中心城市集中集聚的趋势持续加快。2019 年，上海、北京的社会消费品零售总额突破 1.5 万亿元，重庆社会消费品零售总额超过 1 万亿元，广州、深圳、成都、武汉、南京、杭州、苏州、郑州、长沙、济南、西安、青岛的社会消费品零售总额均在 5000 亿元以上。排在前 10 位的城市社会消费品零售总额合计占到全国的 23.7%，前 20 位城市合计占到全国的 35.4%（见表 2－2）。

表 2－2　2019 年国内主要城市的社会消费品零售总额

排名	城市	社会消费品零售总额（亿元）
1	上海	15847.6
2	北京	15063.7
3	重庆	11631.7
4	广州	9551.6
5	深圳	9144.5
6	成都	8313.4
7	武汉	7774.5
8	南京	7136.3
9	杭州	6187.6
10	苏州	6088.8
11	郑州	5324.0
12	长沙	5247.0

续 表

排名	城市	社会消费品零售总额（亿元）
13	济南	5162.2
14	西安	5140.9
15	青岛	5126.6
16	沈阳	4479.6
17	合肥	4378.2
18	宁波	4268.6
19	天津	4218.2
20	福州	4199.0
前10位城市的合计		96739.7
前20位城市的合计		144284.0

资料来源：《中国统计年鉴2020》及各城市2020年统计公报。

另一方面，伴随大型中心城市消费集聚能力的提升，城市的各类消费服务业得到长足发展。这其中，既有依托传统商业街区形成的集聚国内外知名消费品牌、集购物餐饮和休闲娱乐于一体的大型知名商圈，如上海的南京路和淮海路、北京的王府井、成都的春熙路—盐市口、深圳的罗湖口岸商业街等；还有一些独具特色、满足多样化新型消费的商圈，如上海的新天地、北京的南锣鼓巷等，也由此形成了一些能够引领消费创新创业的总部基地和时尚创意中心，如上海的田子坊等。

3. 城市群加快形成和一体化发展将为国际消费中心城市建设提供更广阔空间

新型城镇化的持续推进，在推动城市数量和规模增长的同时，也推动了城市呈现集群集聚发展，以大型中心城市为核心，中小城市、卫星城镇为依托的大型城市群或都市圈加快形成。这将促进我国人口布局结构的深刻调整，人口从农村向城市特别是大中城市、由内地向沿海及大型城市群等产业集聚度高的地区流动，城市人口数量将持续增加。这意味着我国消费市场将进一步向城镇化发达的区域集中，长三角、京津冀、粤港澳大湾区、成渝地区等大型城市群作为我国最主要消费市场的地位进一步凸显。

同时，我国现代综合运输体系建设持续加快，特别是伴随全国高速公路、高速铁路等现代交通体系建设的加快和城市群内部城际轨道交通体系的完善，将在更大程度上推动我国东部和中西部地区城市群的加快发展，在更大范围实现人口流动及消费资源的合理配置，从而为国际消费中心城市建设提供坚实的支撑和强大的动力。

4. 现代信息技术和商业模式创新为建设国际消费中心城市提供了新手段

随着新一轮科技革命不断突破并加速向各个行业渗透，消费新业态和新模式不断涌现，不仅极大提升了流通效率，改善了供给结构，繁荣了消费市场，而且也有效激活了跨境电商、农村电商、服务消费等新型消费领域，成为引领和带动消费的重要途径。

消费新业态和新模式的持续创新和蓬勃发展，还改变了人们的消费观念和消费方式，很大程度上适应了多样化、个性化的消费需求，推动新的消费热点不断涌现。以网络零售为例，进入 21 世纪以来，我国网络零售实现了快速发展。2009 年，网络零售交易额仅有 2500 多亿元，2012 年突破 1 万亿元，2015 年超过美国，跃居世界第一，2019 年达到 10.6 万亿元，十年间增长了 40 倍，年均增长率达到 45%（见图 2－4）。同时，新兴技术的蓬勃发展和普及应用，丰富了消费场景，提升了人们的消费体验，推动了移动支付的飞速发展。据统计，我国第三方移动支付市场规模从 2009 年的不到 400 亿元猛增到 2019 年的 226.1 万亿元（见图 2－5），已稳居世界第一。2020 年暴发的新冠肺炎疫情，客观上对消费方式的进一步线上化起到推动作用。除了网络零售等发展较为成熟的线上消费外，电影网络首播、在线医疗、在线教育等新的线上消费孕育兴起。

消费新业态和新模式的快速发展和持续创新，不仅为消费的扩大和升级提供了新的动能和手段，而且也为国际消费中心城市集聚商品和服务需求、更大范围整合配置资源、进一步激活创新创业提供了新的支撑和途径。

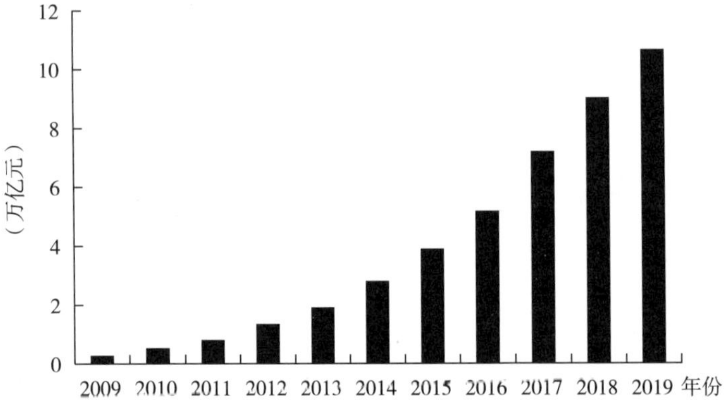

图 2－4　2009—2019 年我国网络零售交易额的增长

资料来源：国家统计局。

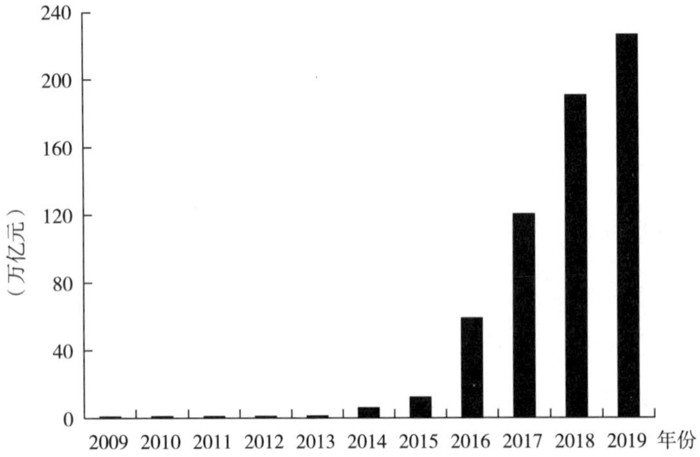

图 2－5　2009—2019 年我国第三方移动支付市场规模的增长

资料来源：Wind 数据库。

5. **国家消费政策体系的逐步健全为建设国际消费中心城市提供了制度保障**

“十三五”时期是我国全面建成小康社会决胜阶段，而促进消费扩大和升级是近年来经济社会发展和民生改善的一项重点内容。为此，国务院先后出台多项政策文件（见表2－3），国家发改委、商务部等部门也从各自职责角度制定了一系列政策措施。另外，国家还围绕创新创业、“互联网＋”、电子商务、产业升级、营商环境、供给侧结构性改革等，不断完善法律法规及标准体系，先后制定了多项支持政策，并针对自贸试验区、跨境电商、流通创新、市场采购贸易、外贸综合服务企业等开展了多个试点。北京、上海、成都、深圳等消费中心城市也积极围绕集聚商品和服务资源、改善消费供给、提升对内对外开放水平、构建良好创新生态等，加快具有特色和重点的探索实践。在各项工作的有序推进下，我国消费政策体系加快完善，为建设国际消费中心城市提供了良好的制度保障和发展空间。

表2－3　2013年以来国务院围绕促进消费扩大和升级出台的政策文件

文件名称	文号	时间
关于促进信息消费扩大内需的若干意见	国发〔2013〕32号	2013年8月
关于加快发展体育产业促进体育消费的若干意见	国发〔2014〕46号	2014年10月
关于进一步促进旅游投资和消费的若干意见	国办发〔2015〕62号	2015年8月
关于积极发挥新消费引领作用加快培育形成新供给新动力的指导意见	国发〔2015〕66号	2015年11月
关于加强金融消费者权益保护工作的指导意见	国办发〔2015〕81号	2015年11月
关于加快发展生活性服务业促进消费结构升级的指导意见	国办发〔2015〕85号	2015年11月
关于开展消费品工业“三品”专项行动营造良好市场环境的若干意见	国办发〔2016〕40号	2016年5月
关于同意建立消费者权益保护工作部际联席会议制度的函	国办函〔2016〕73号	2016年8月
关于印发消费品标准和质量提升规划（2016—2020年）的通知	国办发〔2016〕68号	2016年9月

续　表

文件名称	文号	时间
关于进一步扩大旅游文化体育健康养老教育培训等领域消费的意见	国办发〔2016〕85 号	2016 年 11 月
关于加快发展冷链物流保障食品安全促进消费升级的意见	国办发〔2017〕29 号	2017 年 4 月
关于进一步扩大和升级信息消费持续释放内需潜力的指导意见	国发〔2017〕40 号	2017 年 8 月
关于印发完善促进消费体制机制实施方案（2018—2020 年）的通知	国办发〔2018〕93 号	2018 年 9 月
关于同意建立完善促进消费体制机制部际联席会议制度的函	国办函〔2019〕66 号	2019 年 7 月
关于进一步激发文化和旅游消费潜力的意见	国办发〔2019〕41 号	2019 年 8 月
关于加快发展流通促进商业消费的意见	国办发〔2019〕42 号	2019 年 8 月
关于促进全民健身和体育消费推动体育产业高质量发展的意见	国办发〔2019〕43 号	2019 年 9 月
关于同意调整完善消费者权益保护工作部际联席会议制度的函	国办函〔2020〕27 号	2020 年 4 月
关于以新业态新模式引领新型消费加快发展的意见	国办发〔2020〕32 号	2020 年 9 月

资料来源：根据中国政府网的国务院政策文件库整理而成。

二　我国加快国际消费中心城市建设的主要问题与障碍

当前，我国建设国际消费中心城市还存在诸多问题和短板，特别是面临的一些体制机制障碍亟待突破。

（一）对国际消费中心城市的认识存在误区

国家“十三五”规划中明确提出要“培育发展国际消费中心”，但对于如何认识以及如何建设国际消费中心城市的问题还存在一些误解。例如，认为建设国际消费中心城市仅是为进一步扩大消费、国际消费中心城市发展必须依托旅游业等。

消费城市是大都市或中心城市在经济发展到较高水平后进行城市功能升级的必然选择，国际消费中心城市则是消费城市的高级形态。国际消费中心城市并不是只讲消费、忽视生产，而是要发挥消费对产业升级的引领作用，构建与消费需求相适配的供给体系，实现消费驱动型经济增长，并引导形成绿色、安全、可持续的生产方式和生活方式。另外，国际消费中心城市作为全球城市网络的关键节点和综合服务枢纽，对于提高我国的全球化参与度和话语权也能起到有力的支撑作用。

国际消费中心城市的发展路径并不是唯一的，不必局限于依托重要旅游目的地城市建设国际消费中心城市。从世界范围看，国际消费中心城市的形成和发展与国际大都市的性质相吻合，是国际大都市的重要核心功能。为此，还可以选择国内消费市场、消费文化、消费环境等多方面具备综合优势的大型城市，培育国际消费中心城市。

（二）消费品和服务有效供给不足、质量不高

与国内消费者不断升级的消费需求相比，我国现阶段改善型商品和服务的有效供给明显不足。即使是经济发达的中心城市，也都存在这一问题。一些领域的低端、同质化供给明显过剩，精细、高品质供给短缺，致使很多消费流失到境外。近年来，我国出境旅游人次快速增长，从 2011 年的 7025 万人次增长到 2019 年的 15463 万人次，年均递增 10.4%（见图 2-6），境外消费额同样保持快速增长，其中相当一部分用于购物，从一般日用品到奢侈品几乎无所不包。

同时，国内消费品和服务的供给对入境游客还缺乏足够吸引力。我国自 2011 年开始在海南试点实行境外旅客购物离境退税政策，已扩展到

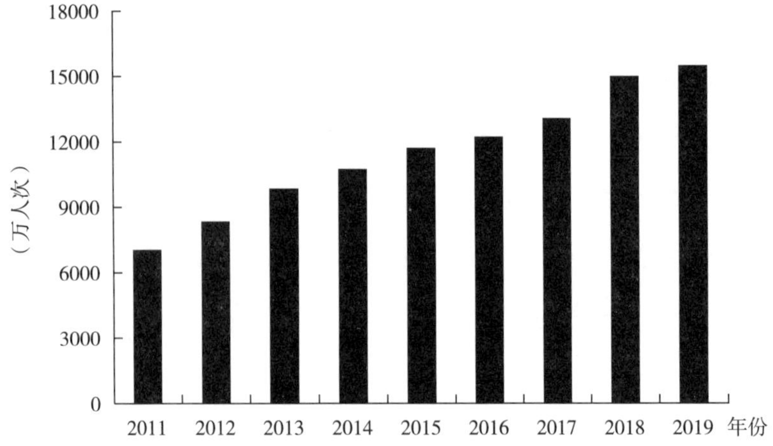

图 2－6　2011—2019 年我国出境旅游人次的增长

资料来源：文化和旅游部。

全国 23 个省、区、市。不过，目前退税商店的开单数与超过 6000 万人次的入境过夜游客规模相比差距较大。这其中虽有国内外消费习惯和消费理念差异的因素，但也在很大程度上反映出国内消费品和服务供给方面存在的问题。例如，为境外游客提供的特色纪念品质量不高，其中不乏假冒伪劣商品。

国内消费品和服务供给上的不足，很大程度上增大了我国旅游服务贸易的逆差。近年来，我国旅行服务（含留学、就医）出口额持续低位徘徊，2019 年为 345.1 亿美元，而旅行服务进口额快速增长，从 2011 年的 726 亿美元攀升到 2018 年的 2768.4 亿美元，2019 年略有回落，为 2511 亿美元（见图 2－7）。旅游服务贸易逆差连续五年超过 2000 亿美元，已成为我国服务贸易逆差的最大来源，最高的 2018 年逆差达到 2373.8 亿美元。

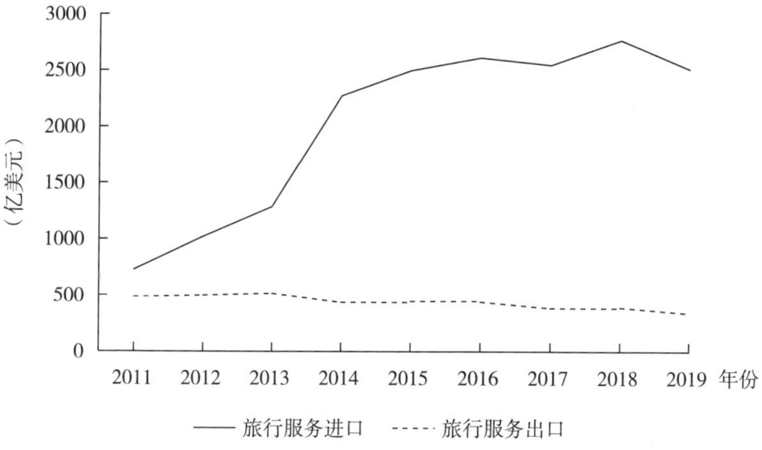

图 2－7　2011—2019 年我国旅行服务进出口的增长

资料来源：Wind 数据库。

（三）基础设施不完善制约消费实现

与主要发达国家相比，我国商业、旅游、文化娱乐、教育医疗等消费基础设施和配套设施仍有短板（见表 2－4），无法充分满足居民以及入境游客不断增长的实际需求。

表 2－4　2019 年消费设施的国际比较

国家	人均铁路里程（公里/百万人）	商业银行分行（个/十万成人）	自动柜员机（个/十万成人）	固定宽带用户（户/百人）	移动网络用户（户/百人）	安全的互联网服务器（个/百万人）	医院病床（张/千人）
中国	48.8	8.9	95.6	31.3	121.8	735.0	4.3
美国	460.6	30.5	—	34.7	134.5	124014.2	2.9
英国	245.2	—	110.3	39.7	119.9	35989.5	2.5
法国	421.7	34.3	98.3	45.7	110.6	29396.3	6.0
德国	402.0	11.0	129.9	42.0	128.4	77932.7	8.0
日本	151.1	33.9	124.1	33.5	147.0	18701.4	13.1
韩国	79.5	15.1	267.0	42.8	134.5	4543.8	12.3

续 表

国家	人均铁路里程（公里/百万人）	商业银行分行（个/十万成人）	自动柜员机（个/十万成人）	固定宽带用户（户/百人）	移动网络用户（户/百人）	安全的互联网服务器（个/百万人）	医院病床（张/千人）
中高收入国家	—	14.4	58.2	22.1	122.0	2046.6	3.5
高收入国家	—	19.6	64.4	34.4	129.6	56031.1	5.3

资料来源：世界银行数据库。

据世界银行的调查，2018 年我国物流绩效指数[①]在全球 160 个国家和地区中位列第 26 位。不少物流企业的信息化仍停留在单项功能或环节上，而基于数字化的应用创新和系统集成还不普遍，很大程度上影响消费体验和效率。另外，作为新型消费发展基础的网络基础设施建设和应用水平也有待进一步提高。

（四）一些重要服务行业发展面临体制机制障碍

当前，我国居民消费已从单纯的商品消费向服务消费升级，服务消费内容及方式日益多元化，但相关服务业发展还存在不少体制机制障碍，影响了消费实现和创新发展，制约了国际消费中心城市的建设。

一是某些行业准入制度不完善。尽管近年来各级政府持续深化“放管服”改革，但部分改善型消费服务行业的供给增长仍面临行政审批过多、相关限制条件过严的问题。例如，我国现行医疗美容机构临床科室设置规定不尽合理，“至少设有美容咨询设计室、美容外科、美容

① 物流绩效指数（Logistics Performance Index）于 2007 年由世界银行集团首次发布，是首个评价各国物流绩效发展水平的综合指数。该指数是在对全球 160 个国家近 1000 家国际货代企业、航空快递公司以及货运公司进行问卷调查的基础上编制而成的，评分采用 5 分制，1 分为最差，5 分为最佳。

牙科、美容皮肤科、美容中医科、美容治疗室、麻醉科”的要求[①]，大大增加了民营医疗美容机构的投资成本，也限制了其因地制宜开展服务。另外，部分服务行业还存在垄断和竞争不足的问题，很大程度上造成这些行业提供的服务数量、结构、质量水平都难以充分满足消费者的实际需求，不利于国际消费中心城市建设。

二是行业监管理念、体制机制还不适应新形势要求。在“互联网+”蓬勃发展的背景下，跨界融合导致很多服务行业的边界日趋模糊，服务业发展格局也发生较大调整。在这过程中，有些地方虽加强了事中事后监管，但基于大数据的监管和社会共治的理念还没有完全建立。同时，政府部门之间的监管缺乏有效协调。由于监管权分散于不同政府机构，相互间沟通联系机制不畅，造成不少新的隐患和监管盲区。再有，监管方式和手段创新不够。传统的“救火式”“运动式”监管方式效率不高，且难以从源头上维护市场秩序，无法实现合规有效市场监管的常态化、制度化。

三是相关法律法规不健全。随着消费新业态、新模式的不断涌现，一些法律法规或者不适应行业发展的需要，或者在执行过程中存在配套法规不完善、与相关法律缺乏协调等问题，导致其没能发挥应有效用。同时，一些关键领域和重点环节存在法律缺失。目前，很多服务创新在交易安全、消费者权益保护、知识产权保护等方面还缺少有效的法律规范，网络诈骗、盗取用户隐私、制造传播不实信息等时有发生。从法律制定的程序上看，成文法往往具有滞后性。在发展初期，很多服务创新的发展趋势、存在问题需要观察，而当消费新业态、新模式发展到一定阶段时，有必要在科学客观的基础上通过立法

① 参见原卫生部《美容医疗机构、医疗美容科（室）基本标准（试行）》（卫医发〔2002〕103号）。

加以规范和促进。

四是标准体系建设仍显滞后。与近年来消费服务业快速发展的实际需要相比，目前我国相关标准体系建设无论在数量还是质量上都还有较大差距，特别是新兴消费服务业的标准体系建设较为滞后。同时，服务标准体系整体水平不高，可操作性不强，宣贯力度不够，也导致标准的实施和监督效果不理想。这些都在一定程度上影响了消费质量提升和新型消费市场扩张，不利于国际消费中心城市的建设。

五是对外开放水平有待进一步提高。近年来，我国通过商签双多边自贸协定、建设自贸试验区和自贸港等方式，积极扩大服务业对外开放，取得明显成效。但也要看到，服务业开放的重点大多在生产性服务行业，与消费直接相关的服务行业，如健康医疗、教育文化、休闲娱乐等新兴服务行业的对外开放程度仍有较大提升空间，制约了通过国际消费中心城市建设来打造高水平开放型经济新平台。

三 我国加快国际消费中心城市建设的思路和政策

（一）总体思路

借鉴全球知名消费中心城市发展的经验，结合具体国情和市场要求，推进国际消费中心城市建设的总体思路是：在居民消费结构持续升级、人口结构和城镇化格局不断变化以及现代信息技术和商业模式加速创新的大背景下，未来3～5年，以大型中心城市为依托，力争培育2～3个消费规模大、集聚度高、引领和创新能力强、在全球消费市场具有广泛影响力的综合性国际消费中心城市，3～5个消费规模较大、具有较强消费集聚和引领能力的区域性、特色化的国际消费中心城市。通过国际消费中心城市建设，进一步促进消费规模扩大和提质升级、加快城市及区域经济转型、带动产业结构升级，为构建新发展格局、推动高质量发展提供有力支撑。

1. 立足城市群发展格局，加强国际消费中心城市总体规划布局

从国家战略高度，统筹推进国际消费中心城市建设。立足我国新型城镇化和城市群发展的现有格局和未来趋势，加强国际消费中心城市的总体规划及全国布局。特别是对于处在城市群中心、经济实力较强、对内对外开放程度高、物流及消费基础设施相对完善、消费集聚和引领能力突出的中心城市，要加快引导和支持其成为国际消费中心城市。

2. 适应国际消费中心城市发展要求，有针对性地构建制度环境和政策体系

相对于制造业而言，促进和发展消费和服务业在制度基础、发展载体、支撑要素及激励机制等方面都有明显区别。在高质量发展新阶段，为适应产业结构升级和城市功能转型，需要构建适应国际消费中心城市发展要求的制度体系，特别是建立有利于集聚创新和高端要素的激励机制，以此作为未来制度调整和政策创新的重要任务。

3. 增强不同消费领域的融合互动，优化消费集聚和创新发展的环境

着眼不同层次、不同人群、不同地域消费的集聚，形成多层次和多样化消费的引领带动功能。一方面，强化商品消费与服务消费之间的融合互动，形成消费的综合吸引能力；另一方面，支持技术、业态和商业模式的创新，提高供给的适配性，提升消费资源配置能力。进一步密切旅游、购物、餐饮、娱乐、文化、健康等行业之间的联系，营造集聚和带动消费的良好生态。

4. 在具备条件和基础的中心城市开展创新试点，探索建设国际消费中心城市的路径和经验

结合全球知名消费中心城市发展的路径及政策经验，在符合发展阶段和具体国情要求的基础上，以试点方式推进国际消费中心城市建设，强化以点带面的辐射拓展功能。特别是对于政策影响和实施难度较大的政策措施，通过先行先试，在取得初步成果或条件成熟时，加快复制推广。

5. 加快国际消费功能载体建设，培育国际消费中心城市创新发展的龙头和增长极

国际消费中心城市建设要与我国经济结构调整和城市发展转型紧密结合，并以促进商圈创新发展和服务业集群集聚为核心，加强国际消费的功能载体建设。通过传统商圈的升级改造，拓展消费服务业的发展空间，注入文化、时尚、创意、休闲、绿色等新消费元素和资源，打造一批具有较强国内外影响力的新型消费商圈或商业片区，提升其发展能级，形成国际消费中心城市创新发展的龙头和增长极。

（二）政策建议

1. 将国际消费中心城市建设纳入国家发展战略及规划

进一步提高对国际消费中心城市的认识，将国际消费中心城市建设纳入新阶段我国构建新发展格局、推动高质量发展等战略，并细化落实到“十四五”时期的相关规划中，特别是涉及扩大消费、发展服务业、产业升级、创新创业、对外开放、城市群或都市圈建设等方面的规划中。

2. 加快促进流通与服务创新，提升国际消费中心城市发展能级

促进业态创新、服务创新、组织创新等，加快各类消费服务行业供给结构转型升级，进一步扩大有效供给，提升供给质量。

加快培育新型消费和消费新增长点。结合数字化、绿色化等发展新趋势，深入推进供给侧结构性改革，推动消费品及服务的时尚化、个性化和定制化，重点培育以健康、美容、教育、培训、文化、体育、旅游为代表的消费新增长点。

加快传统商圈升级改造，培育新型消费载体。以城市更新和城市功能布局调整为抓手，加快引入新业态、新品牌、新企业，着力打造消费体验中心、文化时尚创意中心、商品和服务设计定制中心、消费业态和模式创新中心等新型消费发展载体。加快人工智能、大数据、云计算等现代信息技术应用，打造“智慧商圈”。

促进消费服务业集群集聚发展。围绕医疗健康、文化演艺、休闲运动、时尚创意等新型消费，加快培育具有专业化、特色化、规模化的消费服务业集群，打造国际消费中心城市的新名片。

3. 补齐短板，进一步完善和提升消费基础设施配置

从核心城市和区域体系两个层面、硬件和软件两个维度，推进符合国际消费中心城市要求的基础设施建设。

重点加强消费相关基础设施建设，提升国际消费中心城市的资源配置能力。加强对消费发展具有关键支撑作用的市场设施、平台设施等建设，如大型交易市场、电商平台、信用体系、消费追溯体系等，有针对性地加快“补短板”或“补链条”，进一步增强和优化消费发展的支撑能力。

重点加强城际间的高铁及轨道交通建设，构建安全舒适、便捷灵活、互联互通、低碳绿色的立体交通系统。

重点加强城市互联网及移动互联网建设，提升城市信息化水平，为促进和实现消费创新奠定基础。

4. 构建促进国际消费中心城市建设的政策体系

在国家统一部署和统筹安排下，构建有利于国际消费中心城市发展的政策体系。

一是完善市场化、法治化、国际化营商环境。深化“放管服”改革，进一步放宽市场准入限制，规范准入条件，精简优化审批事项及流程，为消费和服务业健康发展提供制度支撑。

二是在深入推进财税体制改革的整体思路和框架下，适当减轻相关行业的税负水平，建立有利于消费扩大和升级的税制结构，统筹研究推进消费税改革。

三是增加国际消费中心城市的商业建设用地。结合制造业转移，适当调整国际消费中心城市的用地规划，将部分工业用地转为商业及建设用地，引导和鼓励集体土地入股参与城市商圈改造项目。

四是进一步提升消费服务业开放水平。鼓励跨境电商、市场采购贸易、外贸综合服务企业等新业态发展，精简优化人员和货物出入境管理手续，进一步促进贸易便利化。

五是提升金融和结算的国际化、便利化水平。结合自贸试验区和自贸港、服务业扩大开放综合试点等，推进金融、外汇、结算等政策创新，提高国际消费中心城市金融体系的发展水平。

六是优化消费监管。在国际消费中心城市加快推进监管能力现代化，加强线上线下一体化监管，依法严厉打击制假、售假行为，全面推进社会信用体系建设，净化消费环境。在法治框架下提供便捷、低成本的消费维权途径。

七是制定消费创新示范项目投资支持政策。针对国际消费中心城市补短板、传统商圈改造升级、建设新型消费发展载体等，给予必要的投资支持。

5. 开展国际消费中心城市改革创新示范的试点

在长三角、京津冀、粤港澳大湾区、成渝等城市群，选择具备优势和发展潜力的城市或地区，围绕国际消费中心城市建设的体制机制、政策体系及发展载体建设等，开展先行先试。在取得经验的基础上，在全国其他大中型城市及一些具有特色的消费中心城市（如旅游城市）复制推广。

一是消费税优惠。针对国产优质商品和服务消费，如珠宝首饰、电子产品、汽车、手表、美容等，在试点城市对国内消费者购买或消费下调消费税，增加市内免税店数量，简化退税程序，集聚国内外消费资源，吸引我国居民境外消费回流。

二是探索监管制度创新。对于文化创意、医疗美容、休闲娱乐等新兴服务行业，进一步放宽不合理的准入和资质审批，加强事中事后监管，提高对内对外开放水平，加快相关服务业集聚发展，优化消费生态。

三是加快探索自贸试验区和自贸港、服务业扩大开放综合试点、服务贸易创新发展试点、内贸流通体制改革试点等政策在国际消费中心城市试点的集成和复制推广，形成叠加的政策优势，促进商品消费与服务消费的融合发展、协同发展。

四是探索城市更新及商圈建设用地政策。将商圈打造、商业设施建设与城市功能调整、产业转移及城中村改造统筹推进，明确各类土地使用优惠政策，探索利用工业设施、拆搬迁及集体土地，以入股、租赁、回迁等方式整合和集约使用现有土地资源，加快城市更新以及会展、保税及商业设施建设步伐。

五是创新投资机制和政策。以各级财政支持资金、政府和社会资本合作（PPP）试点等多种方式，加快探索国际消费中心城市建设的投融资政策创新，更好发挥各类市场主体参与国际消费中心城市建设的积极性。

6. 加快建立国际消费中心城市建设的推进机制和创新评价机制

在国家层面，建立国际消费中心城市建设的部际协调机制，形成由发展改革、商务、财政、税务、金融、文化旅游、海关等有关部门共同参与的推进机制，以更好地落实各项改革措施和政策创新，发挥政策合力。

在城市层面，结合城市自身特点和国际消费中心城市的创新发展要求，加强组织领导，建立有效的工作机制，以统筹政策、财力等资源，协调推进相关改革创新等工作。

探索国际消费中心城市建设的评价机制。构建国际消费中心城市建设评价指标体系，以反映国际消费中心城市的消费市场发展水平、集聚和带动能力、创新引领能力，监测消费发展新业态和新模式，研究消费升级的新趋势。

“建设国际消费中心城市的政策研究”课题组

课题负责人：王　微

课题协调人：刘　涛

课题组成员：任兴洲　王　青　漆云兰　李　布

执　笔　人：刘　涛　王　微　王　青　漆云兰　李　布

地方实践篇

从全国来看，依托广阔的腹地市场、广泛的国内外联系，拥有规模可观的消费市场、较强的消费集聚和带动能力，在服务国家重大战略中扮演重要角色的大型中心城市，具备建设国际消费中心城市的基础和条件。通过明确自身发展定位和思路，开展差异化探索，有利于促进城市自身转型升级和竞争力提升，也有利于为新发展格局下推动我国高质量发展发挥示范带动作用。

上海建设国际消费中心城市的政策研究*

随着经济发展进入新常态，消费和服务业的快速发展已成为我国经济结构调整和动力转换的内在要求。从国际经验看，我国正处在建设国际消费中心城市的关键阶段。上海作为我国经济最发达的超大城市，拥有规模可观的消费市场、强大的消费集聚和带动能力，具备建设国际消费中心城市的基础和条件。未来需要以完善消费环境、制度、政策和生态为重点，围绕“增供给、补短板、优环境、强政策、有示范”，进一步推进供给侧结构性改革，使国际消费中心城市建设成为上海加快“五个中心”建设、提高开放型经济水平、打造卓越全球城市、带动长三角世界级城市群发展的新引擎和新载体。

一　上海建设国际消费中心城市的重要意义

（一）有利于助推上海“五个中心”建设，增强全球资源配置能力

经过持续努力，上海的国际经济、金融、贸易、航运“四个中心”建设已初具规模，发展水平明显提升，集聚和辐射能力也取得较大进

* 该课题完成于2016年11月，研究得到了上海市商务委的资助和支持。

展。“十三五”时期是上海基本建成“四个中心”的冲刺阶段，加上全球科技创新中心建设，上海将建设“五大中心”。为此，迫切需要加强国际贸易中心与国际金融中心、国际航运中心以及全球科技创新中心建设的联动，特别是在国际经贸格局和规则体系深刻调整以及全球互联网科技蓬勃发展的背景下，需要把握国际产业转移、创新链与产业链深度融合的新趋势，进一步创新贸易业态和模式，打造具有国际国内两个市场资源配置功能的新的发展载体和平台。

建设国际消费中心城市，是新时期上海“五个中心”建设不可或缺的核心功能，是上海抢占全球商务商业网络制高点的有力支撑。一方面，建设国际消费中心城市，特别是进一步繁荣消费市场，建立较为完善的消费品和消费服务业体系，有利于上海形成全球消费资源的汇聚高地，集聚具有国际影响力的企业总部，成为在亚太区域乃至全世界发挥重要影响的消费资源配置中心。另一方面，上海建设国际消费中心城市，有利于我国建立与国际消费潮流、理念、模式创新的直接对接渠道，在消费全球化时代代表国家参与国际竞争、扮演引领角色，从而提升我国的全球化参与度和话语权。

（二）有利于更好发挥上海引领带动作用，提升长三角城市群发展能级

长三角地区是我国经济最具活力、创新能力最强、开放程度最高、吸纳外来人口最多的区域之一，以仅占全国 2.2% 的国土面积，实现了全国 18.5% 的经济总量。同时，长三角地区还是“一带一路”与长江经济带的重要交会地带，在国家现代化建设大局中占据举足轻重的地位。国家“十三五”规划及其他相关规划中明确提出以上海建设全球城市为引领，打造具有全球影响力的世界级城市群。与其他世界级城市

群相比，长三角城市群目前的发展还存在差距，特别是发展质量不高、国际竞争力不强的问题较为突出，城市之间分工协作不够，高品质的城市宜居宜业环境亟须营造。

建设国际消费中心城市，有利于巩固上海在服务业和高科技方面的发展优势，发挥区域辐射带动作用，推动资金、技术、信息、人才在更大范围合理配置，从而提升长三角的发展能级。同时，上海建设国际消费中心城市，还有利于放大长三角区域消费品制造业发达、产业链条完整和配套能力强的优势，以消费升级引领产业升级，培育和壮大独具特色、具有国际影响力的中国品牌，形成需求升级与供给升级协调共进的高效循环，为加快产业转型升级和经济提质增效提供新动力。

（三）有利于上海全方位拓展开放的深度广度，继续走在改革开放前沿

近年来，上海通过实施更加积极主动的开放战略，对外开放水平不断迈上新台阶，形成了以服务贸易、一般贸易、消费品进口为增长动力的对外贸易新格局，以技术、品牌、质量、服务为核心竞争力的贸易新优势正在显现。同时，上海自贸试验区作为内地首个自贸试验区，自2013 年挂牌成立以来，在扩大服务业开放、探索建立负面清单管理模式、构建对外投资服务促进体系、加快金融制度创新方面取得了阶段性成果。

建设国际消费中心城市，有利于发挥上海作为全国最大的进口消费品集散地的作用，进一步集聚全球多样化消费资源和消费品牌，促进国内外消费一体化发展，实现在上海“买全国”和“买全球”，为上海乃至全国消费者提供国际化、特色化、便利化的消费选择，增强对国内外消费者的吸引力，推动上海成为全球高度繁荣和领先的消费市场。此

外，通过自贸试验区作为制度创新高地的先行先试和改革探索，有效降低国际消费服务业企业的准入门槛，进一步推进贸易便利化，打造市场化、法治化、国际化的营商环境，有利于形成国际消费中心城市建设与自贸试验区发展的协同联动，吸引更多跨国公司地区总部进驻中国，在促进上海消费服务业精细化、高品质发展的同时，进一步提高上海自贸试验区发展质量。

（四）有利于上海率先全面建成高质量小康社会，建设卓越的全球城市

近年来，上海居民消费升级步伐加快，服务消费增长明显高于商品消费，目前的人均消费支出中服务消费占比已达到60%。从未来发展看，上海需要主动顺应消费升级大趋势，以新消费引领消费结构升级，创造新供给，释放新需求。而建设国际消费中心城市，有利于打造更加丰富的消费内容、多样的消费方式、完善的消费环境，为不同收入、性别、年龄的消费群体提供更加国际化的消费选择，带来更具创新性的消费体验，从而满足人们对更高层次美好生活的需要。

此外，现阶段是上海基本建成现代化国际大都市的关键时期，也是着眼长远，建设具有全球重要影响力、与我国经济实力和国际地位相匹配的全球城市的重要时期。建设国际消费中心城市，有利于打造与现代化国际大都市发展相适应的服务设施和服务环境，并借助消费发展强化产业集聚效应，形成与城市繁荣的良性互动。同时，也有利于提升上海的城市形象和核心竞争力，凸显上海文化的全球影响力，增进中外文化交流合作，更好地集聚和服务高收入、高素质的国内外消费群体和高端人才，为上海打造令人向往的创新之城、人文之城、生态之城奠定坚实基础。

二 上海建设国际消费中心城市的基础条件

总体上看，上海建设国际消费中心城市具备较好基础，在消费市场发展水平、消费集聚和带动能力等方面全国领先，一些重点领域的全球排名也较为靠前。

（一）消费集聚能力突出

2015 年，上海社会消费品零售总额首次超过 1 万亿元，达到 10131.5 亿元，名列全国第二位，与位居首位的北京差距仅有 200 亿元左右，占全国比重约为 3.4%。与一些国际消费中心城市相比，上海在消费品零售规模上已处于领先位置。同时，作为我国最大的口岸城市，上海 2015 年口岸货物进出口规模达 10921 亿美元，占到全国的 27.6% 和全球的 3.4%。

另外，上海近年来各类国际性商务活动和商务旅行越来越频繁，还吸引了一定规模的外来消费。2015 年，上海共接待入境游客 800.2 万人次，占全国比重的 6%，入境旅游外汇收入 59.6 亿美元，约占全国入境旅游外汇收入的 10%（见表 3－1）。

表 3－1　2011—2015 年上海及全国入境游客数量及外汇收入的增长

年份	入境游客数量（万人次）			入境旅游外汇收入（亿美元）		
	上海	全国	占全国比重（%）	上海	全国	占全国比重（%）
2011	817.6	13542.4	6.0	58.4	484.6	12.0
2012	800.4	13240.5	6.0	55.8	500.3	11.2
2013	757.4	12907.8	5.9	53.4	516.6	10.3

续　表

年份	入境游客数量（万人次）			入境旅游外汇收入（亿美元）		
	上海	全国	占全国比重（%）	上海	全国	占全国比重（%）
2014	791.3	12849.8	6.2	57.1	569.1	10.0
2015	800.2	13382.0	6.0	59.6	580.0	10.3

资料来源：原国家旅游局、上海市旅游局。

（二）高端消费资源汇聚

随着经济社会不断发展，上海已成为国际品牌进入我国内地市场的首选地。根据2016年专业机构发布的“全球跨境零售商吸引力指数”①，上海排名较高，居于伦敦、香港、巴黎、迪拜、纽约之后，排名全球第6位。同时，从该机构发布的“全球跨境奢侈品零售商吸引力指数”来看，上海还是全球奢侈品零售商青睐的城市，排名位于伦敦、香港、巴黎、东京、纽约之后，位列全球第6位（见表3－2）。

表3－2　全球跨境（奢侈品）零售商吸引力前10位的城市

排名	跨境零售商吸引力	跨境奢侈品零售商吸引力
1	伦敦	伦敦
2	香港	香港
3	巴黎	巴黎
4	迪拜	东京
5	纽约	纽约

① 仲量联行（JLL）：Destination Retail 2016-Retailers expanding in leading cities around the world。该研究涵盖全球140个城市，包括240个国际零售品牌。其中，品牌的入选门槛是至少在美洲、欧洲、亚太、中东和非洲中的两个区域有广泛的销售网络。全球跨境（奢侈品）零售商吸引力指数＝某城市拥有的（奢侈品）零售商品牌数/各城市平均拥有的（奢侈品）零售商品牌数×100。

续　表

排名	跨境零售商吸引力	跨境奢侈品零售商吸引力
6	上海	上海
7	新加坡	新加坡
8	北京	迪拜
9	科威特城	北京
10	东京	大阪

资料来源：JLL，Destination Retail 2016-Retailers expanding in leading cities around the world。

（三）标志性商圈影响力强

随着消费集聚能力的提升，上海各类消费服务业得到长足发展，形成了一定规模的产业集群。其中，既有依托传统商业街区形成的集聚国内外知名品牌、集购物餐饮和休闲娱乐于一体的大型知名商圈，也有一些独具特色、满足多样化消费的新型消费商圈。

与国内其他大型中心城市相比，上海商圈特色鲜明，大店、名店、专业特色店、步行街各展所长，主要商圈有 8 个。其中，南京西路商圈是上海高端零售的集中地。截至 2015 年，该商圈规划商务商业区面积 515 万平方米，已建成 369.6 万平方米；沿线共有跨国公司地区总部 22 家，亿元楼宇 21 栋，实现税收 139.7 亿元；汇集国内外品牌近 1600 个，其中国际知名品牌 1000 多个，占比超过 60%；主要消费群体为白领高薪族、跨国公司外籍雇员以及高收入游客等。以南京西路为代表的商圈，已成为上海高端品牌消费的集聚地和风向标，同时也是上海现代化国际大都市最具标志性的区域（见表 3 – 3）。

表 3－3　上海主要商圈的发展特点

主要商圈	定位	主要零售业态	主要零售商
南京西路商圈	高端零售商为主	百货、购物中心	久光百货、芮欧百货、伊势丹百货、嘉里中心、恒隆广场等
南京东路商圈	号称中华第一街	百货、购物中心、老字号品牌专卖店	新世界百货、永安百货、百联世贸国际广场、上海第一百货大楼、上海第一食品商店等
徐家汇商圈	不同档次大型零售商及富有本地特色的中小型专卖店	百货、购物中心、品牌专卖店	东方商厦、港汇恒隆广场、百联徐汇商业广场、太平洋百货徐汇店、美罗城等
淮海中路商圈	本地中高端消费群体为主	百货、购物中心	新天地、上海广场、香港广场、东方商厦、上海 K11 艺术购物中心、巴黎春天淮海店等
陆家嘴商圈	上海金融商务区	百货、购物中心	第一八佰伴、上海国金中心、正大广场、迪士尼旗舰店等
四川北路商圈	上海东北片区的商贸旅游文化休闲街	品牌专卖店	嘉杰国际广场、东宝百货、虹口商城等
五角场商圈	上海文化教育中心	百货、购物中心	万达广场、巴黎春天、百联又一城、东方商厦等
中山公园商圈	上海西部重要的商业集聚地	百货、购物中心、专卖店	龙之梦、巴黎春天、玫瑰坊、国美、苏宁等

资料来源：荆林波等《中国商业发展报告（2016—2017）》，社会科学文献出版社 2016 年版。

（四）消费带动作用突出

上海推动经济结构调整起步较早，在全国率先建立了以服务业为主导的产业结构，形成了消费、投资、出口协调拉动的经济增长格局。2015 年，上海地区生产总值中最终消费支出所占比重（消费率）达到 59.1%，高于全国 7.5 个百分点，超过投资率 21.1 个百分点（见图 3－1）；消费对经济增长的贡献率接近 70%，也高于全国水平。

同时，上海还是国内外大型企业总部的集聚地。目前，总部在上海的世界 500 强企业共 8 家，跨国公司地区总部达到 535 家，其中包括很

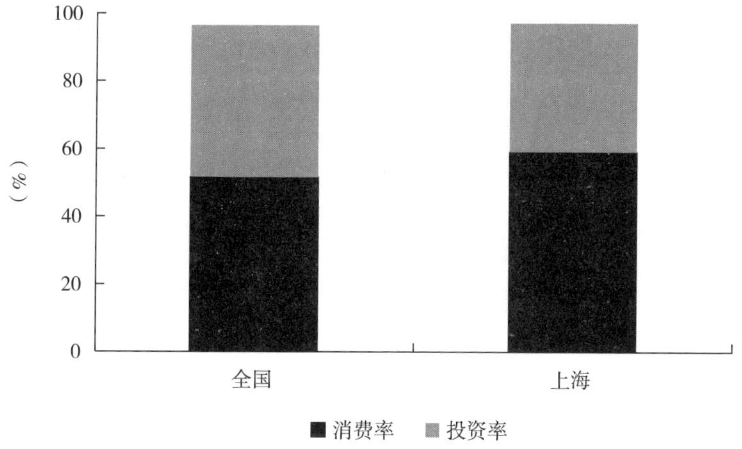

图 3－1　2015 年上海消费率、投资率与全国的比较

资料来源：《中国统计年鉴 2016》。

多消费服务业知名企业的地区总部，数量和发展水平明显高于国内其他城市。这也使得上海能够成为全球商务商业网络的重要节点，对于在更大范围配置全球消费资源起到了促进作用。

（五）消费引领作用初步显现

在人们消费观念更新、消费结构升级的作用下，上海的消费模式创新日益活跃，为消费者提供了更多国际化的消费选择和更好的消费体验。2014 年，上海拥有 75 家时尚买手店，数量位居全国第一，比第二名的北京多出 29 家（见表 3－4）。同时，上海在多个标志性商圈内还集聚了众多国内外知名品牌的体验中心等。另外，一年一度的福布斯·静安南京路论坛、中欧—静安顶级品牌论坛、上海时装周、电影节、F1 大奖赛等大型商旅文体互动活动的国际影响力持续提升，国家会展中心（上海）、迪士尼度假区等重大会展和文化娱乐设施的发展，很大程度上提高了上海在全国乃至更广范围消费发展中的引领和标杆作用。

表3－4　2014年国内主要城市买手店数量　单位：家

城市	买手店数量	城市	买手店数量
上海	75	武汉	3
北京	46	贵阳	3
成都	21	哈尔滨	2
深圳	14	宁波	2
广州	13	厦门	2
沈阳	11	南宁	2
杭州	11	西安	2
南京	8	太原	1
重庆	5	长春	1
天津	4	济南	1
大连	3	青岛	1
苏州	3	昆明	1

资料来源：RET睿意德《中国买手店研究报告》，2014年。

三　上海建设国际消费中心城市的主要问题与障碍

上海在推进国际消费中心城市建设的过程中，在商品和服务供给、设施和平台支撑以及消费政策及环境等方面仍面临一些问题，特别是存在的体制机制障碍，影响了上海进一步提升供给品质、拓展国内外消费领域和促进消费创新。这些问题和障碍的产生，既有国家层面整体存在的体制机制因素，也有上海自身发展水平和打造竞争优势等方面的不足。

（一）商品和服务有效供给不足、质量不高

与国内消费者不断升级的消费需求相比，我国现阶段改善型商品和服务的有效供给明显不足。商品和服务供给低水平、同质化问题较为突出，多样化、高品质供给相对不足，大量高端和新兴服务消费流失境外。2006—2015 年，我国出境游人数从 3452.4 万人次增长到 12786 万人次，年均递增 15.7%，而境外消费则从 157.7 亿美元猛增到 2149.9 亿美元，年均增长 33.7%（见图 3-2）。当前，我国出境旅游消费额已位居世界第一，其中很大一部分用于购物。

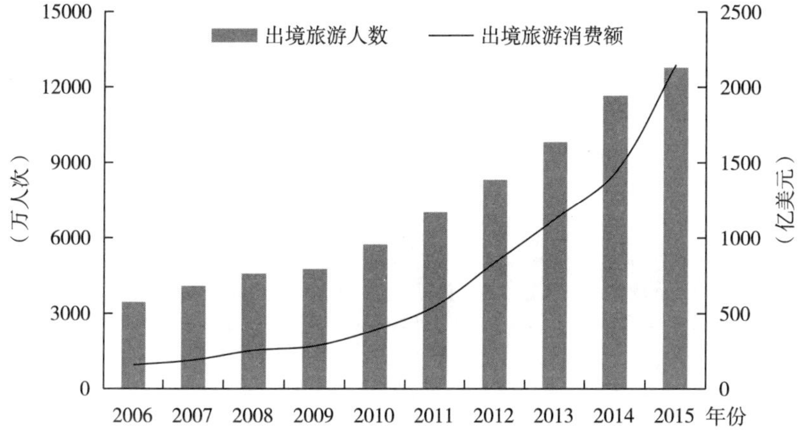

图 3-2　2006—2015 年我国出境旅游人数和消费额的增长

资料来源：原国家旅游局、世界旅游业理事会。

同时，国内商品和服务对入境游客缺乏足够吸引力。我国自 2011 年开始相继在 14 个省区市实行境外旅客购物离境退税政策，但 70% 以上的入境游客消费集中在 500～3000 美元，其中旅游购物所占不到 10%[①]。上海这方面的情况也较为突出。2015 年上海外来游客消费发展

① 中国旅游研究院：《中国入境旅游发展年度报告 2015》，旅游教育出版社 2015 年版。

很不平衡，其中国内游客消费支出2.9亿元，而入境游客消费额仅有800多万美元。这在很大程度上反映出国内商品和服务供给方面存在品质不高等问题，导致境外游客购买意愿不强。

由于国内外消费的巨大反差，很大程度上增大了我国旅游服务贸易的逆差。2010年，我国旅行服务出口额458.1亿美元，进口额548.8亿美元，逆差为90.7亿美元；2015年，旅行服务出口额450亿美元，进口额2498亿美元，逆差达到2048亿美元（见图3－3），五年间逆差扩大了20多倍，已成为我国服务贸易逆差的最大来源。

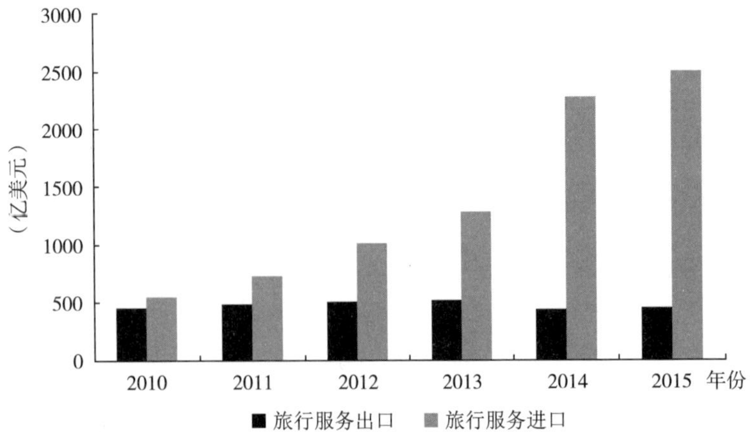

图3－3　2010—2015年我国旅行服务进出口的增长

资料来源：Wind数据库。

（二）集聚和实现消费的设施、平台存在短板

尽管近年来我国消费相关设施取得长足发展，但与世界知名的国际消费中心城市相比仍有一定差距（见表3－5），特别是物流、旅游、文化娱乐、教育医疗等设施和配套支撑依然相对薄弱，直接影响消费体验和效率。以物流和信息基础设施为例，2016年我国物流绩效指数在全

球位列第27位，与我国制造业规模和经济总量极不相称；我国固定宽带人口普及率为14.4%，全球排名第67位，与经合组织（OECD）国家的平均水平差距明显；我国移动宽带人口普及率为41.8%，仅略高于40.1%的世界平均水平①。

表3-5　2013年消费设施的国际比较

国家	人均铁路里程（公里/百万人）	商业银行分行（个/十万成人）	自动柜员机（个/十万成人）	固定宽带用户（户/百人）	移动网络用户（户/百人）	安全的互联网服务器（个/百万人）	医院病床（张/千人）
中国	49.1	7.8	46.9	13.6	88.3	5.2	3.3
美国	488.4	33.7	—	30.4	98.2	4304.0	2.9
英国	247.3	25.1	128.5	35.5	121.1	2832.5	2.8
法国	454.2	38.6	109.0	39.0	99.1	821.3	6.3
德国	414.8	14.9	118.4	35.3	123.2	2601.2	8.3
日本	152.5	33.9	128.3	28.8	115.3	1054.7	13.3
韩国	72.7	18.0	288.6	37.2	108.6	337.1	10.9
中高收入国家	—	14.8	44.5	11.1	104.8	34.0	3.1
高收入国家	—	22.8	63.4	29.7	117.3	2119.5	5.3

资料来源：世界银行数据库。

第一，新型商业设施发展有待加强。尽管上海传统商业设施在国内乃至全球居于前列，但在一些新型、涉外商业设施建设上步伐偏慢。以退税商业设施为例，与巴黎、东京、纽约等国际知名消费中心城市相比，上海退税商店和退税业务办理网点数量明显偏少，一定程度上影响入境游客消费的增长。2016年前8个月，上海已办理退税的只有4902人次，退税金额1280万元，办理退税的以我国港澳台游客为主，购物退税金额占比达到46.5%，位居其后的美国、加拿大和澳大利亚，退

① Broadband Commission for Digital Development: "The State of Broadband 2015", http://www.broadbandcommission.org.

税金额分别仅占9.3%、7.9%和5.5%。

第二，服务消费特别是新型服务消费的基础设施和配套体系发展仍需加强。以健康医疗领域为例，上海医疗机构在结构和布局上不均衡，影响多元化、多层次的医疗健康服务供给。上海民营医疗机构有794家，占机构总数的47.6%，其中小规模医院床位2.8万张，仅占总床位数的10.6%。以新技术、新业态和新模式为发展重点的新虹桥国际医学园区、浦东国际医学园区，总投资200亿元，但整体来看，受体制因素影响，两个园区发展现状并不理想。

第三，金融、信用等消费支撑体系发展相对滞后。目前，我国网络诈骗、假冒伪劣、虚假宣传等问题依然存在，消费信息安全、金融支付安全、消费者权益保护等风险依然偏高。上海的商品市场监管力度和效果虽整体好于全国，但旅游产品质量和市场秩序仍有待进一步提升。

第四，与纽约、巴黎、东京等国际消费中心城市相比，上海各类消费相关行业之间、基础设施和商业之间的融合互动和对接不足。例如，城市商务休闲区域、旅游景点、交通枢纽与主要商业网点和商圈建设之间存在一定脱节。

（三）扩大消费在制度环境和政策方面存在突出障碍

第一，相关法律法规不健全。随着服务业新业态、新模式的不断涌现，一些法律法规或者不适应行业发展的需要，或者在执行过程中还存在配套法规不完善、与其他法律缺乏协调等问题，导致其未能发挥应有效用。以健康服务消费为例，上海已明确鼓励健康服务业新业态发展，重点发展互联网医疗、旅游医疗等。目前，上海在虚拟医院等方面创新步伐较快，有利于在国内外整合配置医疗资源，提升服务水平。但由于现行法律法规都是针对实体机构的，因此创新缺乏法律法规支撑和认可，新业态难以在法治轨道上推进，存在较大创新风险。

第二，标准体系建设滞后。与近年来服务业快速发展的要求相比，无论在数量还是质量上，我国相关标准体系特别是新兴服务业的标准体系建设都明显滞后。同时，现行服务标准和规范整体水平不高、可操作性不强、宣贯力度不够等，也导致一些标准在实施和监督过程中效果不明显。

第三，行业准入有待进一步改善。部分服务行业依然面临行政审批过多、相关限制性条件过严等问题，特别是民营资本进入文化、教育、医疗等新兴服务消费领域仍受到一定限制。例如，我国现行医疗美容机构临床科室设置规定要求，必须设立 4 个二级科目，门槛明显严于韩国等医疗美容大国。此外，部分服务行业还存在垄断问题，很大程度上影响服务行业供给扩大和质量提升。

第四，部分行业监管理念和监管制度不适应发展要求，与国际规则接轨程度不够。在“互联网 +”的背景下，很多服务行业的边界日渐模糊，服务业发展对监管也提出扁平、高效、专业等新要求。但目前，重审批、轻监管的情况依然存在，有的部门或地方虽加强了事中事后监管，但基于大数据的监管、社会共治的理念尚未建立，特别是在监管制度的创新上，难以与国际通行惯例或规则接轨，导致消费扩张和提升受阻。以医疗旅游为例，目前国际趋势是从发达国家向发展中国家转移，泰国、马来西亚、印度等在医疗旅游发展方面都取得了明显进展，有效拉动餐饮、住宿、旅游等消费市场的扩张。上海在国内外医疗旅游方面也有很大的市场需求，但由于缺乏与国际接轨的技术和服务规范，国际医疗保险、医院国际认证、医师职业资质等不能与国际标准衔接，医疗相关签证制度还在探索中，不仅医疗旅游市场难有大的发展，而且导致大量医疗旅游消费外流。

第五，对外开放水平有待进一步提高。近年来，我国服务业开放的重点大多在生产性服务行业，而与消费直接相关的服务行业，如健康医疗、教育文化、休闲娱乐等新兴服务行业的对外开放步伐不快。在实际操作和政策落实过程中，一些准入和投资的审批限制依然存在，制约了打造高水平和开放型的消费新领域、新平台。以美国高考（SAT）为例，SAT 考试所在城市会集聚大量高端消费资源，在近年来我国赴美留学需求激增的情况下，由于没有开放 SAT，每年有大量关联消费外流到周边国家。以邮轮旅游为例，由于货物通关和游客签证等便利化水平不高，货物检验检疫周期长，出入境手续烦琐，维修养护能力跟不上，免税退税设施匮乏，导致近年来尽管需求增长较快，但上海的邮轮旅游市场扩张受到影响，本来可以在上海集聚和实现的相关服务需求，转移到新加坡等国家。同时，由于我国对免签国家扩围速度较慢，而且 13 个城市之间无法互联互通，特别是出入境和边检信息不互通，导致 72 小时免签政策无法在扩大国际消费方面发挥更大作用。即使是苏、浙、沪对 51 个国家实行 144 小时过境免签政策后，上海口岸自 2016 年 1 月 30 日至 9 月 20 日也仅为 3.3 万多名外籍旅客办理过境免签手续，日均仅 140 多人次。

第六，与国际知名消费中心城市相比，上海自身也存在一些问题或不足。尽管目前上海对于全球性零售品牌的吸引力名列全球第 6 位，但总体上看，还属于成长中的零售市场。在零售品牌知名度、商业氛围、商圈影响力方面，与伦敦、香港、纽约等相比仍存在一定差距。同时，上海还缺少较高国际知名度的本土品牌，这也是当前限制我国形成全球性零售市场的重要因素。再有，城市的国际化水平仍需进一步提升，特别是在外籍人员数量、入境旅游人数以及英语的普及和运用水平等方面，与国际知名消费中心城市还有较大差距。

四 上海建设国际消费中心城市的思路、目标和建议

（一）总体思路

以对接国际规则、赶超国际水平为方向，以完善消费环境、制度、政策和生态为重点，坚持点线面结合、高中低兼顾、内外贸并重，紧紧围绕“增供给、补短板、优环境、强政策、有示范”，推进供给侧结构性改革，使国际消费中心城市建设成为上海积极扩大和引领消费、全面提升对内对外开放水平、促进产业结构优化升级的新引擎和新载体，成为上海“五个中心”建设的新支撑和新途径，成为我国新时期扩大消费和城市转型升级的新标杆和首善区。

（二）基本目标

根据上海经济社会发展特别是消费发展的新趋势和新要求，结合国际消费中心城市发展的国际经验，未来上海建设国际消费中心城市的主要目标是：未来3～5年，加快形成“国内国际、双管齐下”的消费发展格局，进一步提升上海消费发展能级，将上海打造成为我国国际化程度最高、消费市场规模最大、消费环境最好、创新引领能力最强的综合性国际消费中心城市；未来5～7年，成为全球知名、亚洲领先、位居世界前列的国际消费中心城市，成为全球消费资源进入我国乃至亚洲市场的首要门户，成为中国品牌集聚并走向世界的窗口和高地。

（三）政策建议

1. **“增供给”**

加快培育新型消费和消费新增长点。结合信息化、绿色化、智能

化、高端化、服务化等消费发展新趋势，深入推进供给侧结构性改革，推动消费产品和服务差异化、个性化、定制化，重点培育以健康、美容、教育、培训、文化、体育、旅游为代表的消费新增长点，积极拓展以网络零售、邮轮旅游、体验消费、老年消费、游学等为代表的新型消费领域。同时，增强不同消费环节和消费领域的融合互动，促进消费集聚和创新发展。着眼不同层次、不同人群、不同地域消费的集聚，提高多层次、多样化消费的引领带动功能。强化商品消费与服务消费之间的融合互动，形成消费的综合吸引能力。加快商品、服务和商业模式等领域的创新，提升消费资源配置能力。

一是扩大邮轮旅游消费。推进上海邮轮旅游发展实验区与上海自贸试验区的联动发展，在进一步扩大出境游的基础上，放宽业务准入范围，拓展服务项目，探索邮轮游客免签政策。推进通关便利化，缩短通关和边检时间，在检验检疫等方面简化手续、提高效率，提升上海邮轮服务行业的发展水平。与国外知名机构加强合作，设立专业机构进行邮轮业务培训，增加邮轮旅游及管理领域的人才供给。积极培育本土邮轮公司发展，进一步探索有条件的港口企业和邮轮公司试点“邮轮体验”“海上观日出”等旅游项目，积极推进无目的地邮轮航线市场开拓等政策创新。

二是扩大文化消费。进一步整合文化资源，增加公益性演出投入，通过设立基金、推广文化消费卡等方式，对剧场和演艺团体进行适当补贴，降低营业性演出的票价，促进广大市民更多文化消费。

三是扩大老年消费。发展社区和老年培训教育，鼓励建立常设性机构和实体机构，解决社区和老年培训教育资金、编制和场地的瓶颈，明确该类机构注册类型，建立师资、职称、学位的长效制度。

四是发展国际都市高品质服务消费。总结和推广静安区发展“白领午餐”等经验，拓展对接上海白领消费群体的各项政策创新，以餐饮、培训、娱乐、文化、休闲、社交、健身等为重点，积极开发白领主题项目和载体，服务和引导白领群体扩大消费、便利消费，打造上海情调消费、上海品质生活，引领带动整体消费。

五是扩大本土品牌消费和创新提升服务。在提升本土商品品质、培育自主品牌的基础上，打造上海品牌、中国品牌，促进国内设计师品牌店和买手店发展，丰富上海商品和服务供给结构。同时，增加免税店数量，简化退税手续，不断带动和扩大境外人群消费规模，强化上海实现“买全球、卖全球”的商业贸易功能。

六是扩大进口商品消费。通过建立进口商品、跨境商品展示交易设施，提高跨境电商通关便利化水平，完善跨境电商物流设施等，提高上海进口商品消费规模，提升辐射能力，使上海成为我国沿海地区跨境电商的重要基地。

2. **“补短板”**

加快传统商圈改造升级，培育新型消费发展载体。围绕消费新增长点，培育具有专业化、特色化、规模化的新型消费市场。加快引入新业态、新品牌、新商业模式，促进传统商圈改造升级和打造“智慧商圈”，着力打造消费体验中心、文化时尚创意中心、产品和服务设计定制中心、消费业态和模式创新中心等新型消费发展载体。

总结和推广百联、淮海 755 等商业企业转型经验，壮大商业主体。积极引导传统商业企业和业态实现电商化、发挥线下优势和已有会员优势，拓展和创新场景服务模式、发展多元化的商业业态，鼓励企业推出代购、闪购等新业务，定期推出小型主题展会，充分发挥供应链和渠道优势。积极引入时尚购物和时尚品牌，推动大型百货实现购物中心化，中型百货实现主题化和专业化，培育买手制，发展生鲜业务，打造新型供应链体系。

从核心城市和区域体系两个层面、硬件和软件两个维度，推进符合国际消费中心城市要求的基础设施建设。重点加强新型消费设施合理布局，提升对国内外消费资源的配置能力。加强与消费密切相关、具有关键支撑作用的新型业态、市场设施、平台设施建设，如大型交易市场、电商平台、体验式购物中心、信用体系、消费追溯体系等，有针对性地加快“补短板”“补链条”。创建全球品牌高地，打造本土特色商圈或街区，发展国际都市高品质消费服务业，创新消费模式和业态。全面营造国际化消费环境，创建上海品质服务品牌，引领国际时尚，加强线上线下融合联动，开展国际形象专业塑造和公共推广，完善基础设施和丰富城市风貌，构建诚信和谐的消费环境。

对标国际，培育国际消费中心城市的新动能。打造一批具有较强国内外影响力的新型消费商圈或商业街区，形成与金融、信息、物流等消费配套体系的融合发展格局。拓展消费品制造、消费服务业发展空间，注入文化、时尚、创意、休闲、绿色等新消费元素，促进特色产业集中集聚发展。

加强交通、物流、金融、信用、跨境电商等设施或平台等建设，为集聚和扩大国内外消费提供支撑。加强城际之间的高铁及轨道交通建设，打造与消费规模和辐射范围相适应的城市商圈或服务业集聚区；加强城市互联网建设，提升城市信息化水平，特别是强化信息化在商业载体中的覆盖和应用；加快消费金融创新发展，增强金融业对消费扩张和升级的支撑及带动作用。

3. **“优环境”**

进一步提高对国际消费中心城市的认识，将国际消费中心城市建设纳入新时期上海“五个中心”建设、全面深化改革和建设更高水平开放型经济等总体战略，特别是在涉及扩大消费、促进服务业、产业升级、创新创业、对外开放等规划中有所体现、统筹推进。

建立由分管市领导负责，由相关部门共同参与的协调推进机制，强化联动监管机制。探索建立综合性执法机构，依法严厉打击制假售假行为，全面推进社会信用体系建设，在法治框架下提供多元化、低成本、便捷的消费维权途径。

建立与国际接轨的监管模式。设立统一办事机构，整合法定检验检疫出口货物电子报检、进出口企业备案登记、检测申请等，缩短进口商品流转周期。针对国际时尚与节庆活动中小规模、多品类进口商品，设立进口商品绿色通道，探索便捷高效的快速通关模式和一站式窗口服务，试点开展特定品类进口商品备案制管理，对国外权威第三方检测报告予以互认。

对接国际通行规则，构建适应国际消费中心城市发展要求的制度体系及消费政策。建立和完善商务商业安全信用体系，引入专业资信评级机构开展企业和消费者诚信体系工作，形成统一开放、公平竞争、规范有序、服务友好、诚实守信、真品实价、奖优罚劣的和谐消费氛围。建立接轨国际的服务标准、消费者权益保护、知识产权保护等制度。

通过搭建平台，打造上海特色、专业的国际节庆系列活动。引进全球顶级博览会及国际赛事，做深做透上海国际电影节、时装周、爵士音乐节、国际戏剧节、郁金香花博会、咖啡节、旅游节等特色展会，做大做强福布斯·静安南京路论坛、中欧—静安顶级品牌论坛，推动商旅文体联动发展，营造国际水准的消费体验。

4. **“强政策”**

进一步深化商事制度改革，精简优化审批项目及流程。对于健康医疗、整容美容、文化创意、休闲娱乐、教育培训等新兴服务消费，在优化监管的前提下，放宽准入和资质审批条件，加快集聚集群发展，优化消费生态，营造有利于扩大和促进消费的国际化营商环境。

加强城市商圈改造和建设用地保障。将商圈改造、商业设施建设与城市功能调整、产业转移升级及城市更新统筹推进，明确各类土地引导优惠政策，探索利用工业设施、拆搬迁及集体土地，以入股、租赁、回迁等方式，整合和集约使用现有土地资源。

进一步提升服务业对外开放水平。鼓励跨境电商、市场采购贸易、外贸综合服务企业等新业态的综合发展、政策叠加，简化人员和货物出入境管理手续，进一步推动贸易便利化和通关便利化。

为扩大消费提供更加国际化、便利化的条件。加快金融、外汇、结算等政策的创新，提升上海金融体系的国际化和便利化水平。积极扩围双边免签证国家，对特殊人群提供便利化免签。提高邮轮母港和码头的游客出入境管理便利化水平，为境外游客入境旅游消费提供条件。创新进口检验检疫制度，为上海化妆品等商品进口以及国际买手店等新业态发展提供政策保障。

建立适应服务业发展要求和体现消费实际情况的消费统计指标体系。优化商品消费和服务消费、传统消费和新型消费、规模以上企业和小微企业、内部消费和外来消费等统计指标。特别是构建国际消费中心城市的衡量指标，明确服务业、外来消费、离境退税和价格竞争力等指标，为上海建设国际消费中心城市在政策制定及分析、评估等方面提供支撑。

5. **“有示范”**

选择有条件和基础的城区开展先行示范。先期可以南京路、淮海路等优势商圈为核心区或先导区，以四川北路、徐家汇、福州路、外滩、迪士尼等商业区或商圈为拓展区，围绕体制机制、政策体系及发展载体建设等内容，在监管、税收、金融、投资、土地、跨境电商、离境退税等方面，集中政策资源，提供政策支持，争取建成若干在全球具有影响力和美誉度的国际级商圈或商业街区。

“上海建设国际消费中心城市的政策研究”课题组

课题负责人：王　微

课题协调人：刘　涛

课题组成员：任兴洲　王　青　漆云兰　李　布　刘　涛

执　笔　人：刘　涛　王　微　王　青　漆云兰　李　布

参考文献

[1] CBRE Research. How global is the business of retail? [R]. 2016.

[2] Yuwa Hedrick-Wong, Desmond Choong. MasterCard Global Destination Cities Index 2015 [EB/OL]. https://www.mastercard.us.

[3] RET 睿意德．中国买手店研究报告 [R]. 2014.

[4] 贝恩咨询．互联网品牌化和品牌互联网化 [R]. 2015.

[5] 任兴洲，王微，王青，等．新时期我国消费新增长点研究 [M]. 北京：中国发展出版社，2014.

[6] 任兴洲，王微，王青，等．建设全国统一市场：路径与政策 [M]. 北京：中国发展出版社，2015.

[7] 任兴洲，王微，王青，等．“互联网+流通”：创新实践、成效与政策 [M]. 北京：中国发展出版社，2016.

[8] 荆林波，等．中国商业发展报告（2016—2017）[M]. 北京：社会科学文献出版社，2016.

[9] 商务部电子商务和信息化司，中国互联网络信息中心．中国网络零售市场分析报告 2014 [Z]. 2015.

[10] 中国电子商务研究中心．2015 年度中国电子商务市场数据监测报告 [Z]. 2016.

[11] 中国旅游研究院．中国入境旅游发展年度报告 2015 [M]. 北京：旅游教育出版社，2015.

[12] 中华全国商业信息中心．2014 年中国网络零售市场分析 [Z]. 2015.

[13] 中国信息化百人会课题组．信息经济崛起重构世界经济新版图 [M]. 北京：电子工业出版社，2015.

[14] 上海市政府．“十三五”时期上海国际贸易中心建设规划

[Z]. 2016.

[15] 上海市政府办公厅. 上海市促进新消费发展发挥新消费引领作用行动计划（2016—2018 年）[Z]. 2016.

[16] 上海市商务委. 上海优礼行动计划（2016—2018）[Z]. 2016.

[17] 上海市静安区商务委. 关于推进静安区建设上海“国际消费城市”示范区的总体方案 [Z]. 2016.

深圳罗湖建设国际消费中心改革创新示范区的政策研究*

深圳是我国经济发达的特大城市，罗湖作为深圳的中心城区，区位优势明显，消费服务业较为发达，新型消费蓬勃发展，具备建设国际消费中心改革创新示范区的基础和有利条件。未来需要以完善消费环境、制度、政策和生态为重点，坚持点线面结合、高中低兼顾、内外贸并重，将罗湖打造成为我国具有岭南文化特质的消费核心区、消费和创新创业融合发展的先行区、深港消费联动发展的探索区以及服务业供给侧结构性改革的首善区，成为新时期我国配置国内外消费资源的新平台、扩大消费和城市转型升级的新标杆、服务业创新发展的排头兵。

一 罗湖建设国际消费中心改革创新示范区的基础和优势

（一）区位优势明显，吸引不少年轻外来消费群体

深圳是伴随改革开放成长起来的移民城市，罗湖作为深圳的中心城区，是全市最早开发的城区，吸引了大量外来年轻人在此工作、生活和消费。据统计，2016 年末，罗湖常住人口为 100.4 万人，其中非户籍

* 该课题完成于 2017 年 10 月，研究得到了深圳市罗湖区政府的资助和支持。

人口占41%。在常住人口中，15~64岁人口占到82%；14岁及以下人口约占13%；65岁及以上人口仅为5%。同时，罗湖还是深圳商务中心区的重要组成部分，就业人群中高级白领、企业高管等所占比例大，这一群体消费倾向相对较高，对罗湖乃至整个深圳消费发展起到有力支撑作用。

更重要的是，罗湖还是连接内地与香港的“咽喉”，处于粤港澳大湾区的核心区域。辖区拥有罗湖、文锦渡和莲塘三个陆路口岸，年出入境1亿人次、车辆850万辆次，不少香港居民、外国游客通过罗湖口岸入境进行游览、参加商务活动等。同时，罗湖还拥有深圳火车站、广深铁路、东部过境高速等重要交通基础设施，是全国重要的商流、物流、资金流、信息流集散地，与国内外市场具有良好的通达性，蕴藏巨大的消费潜能和商机。随着粤港澳大湾区国家战略的推进，深港之间的联系将更加紧密。与三个陆路口岸直接毗邻的片区总面积约3.5平方公里，向北与人民南、东门等传统商业旺区相邻。特别是罗湖口岸到文锦渡口岸约2公里，文锦渡口岸到莲塘口岸约3公里，处于最佳的步行距离范围，具备打造一流商业步行街的天然条件。

（二）消费服务业较为发达，重点行业优势突出

罗湖作为深圳的中心城区，已成为深圳展示国际大都市风貌的重要标志区。2016年，深圳的服务业增加值达到11785.9亿元，在全国大中城市中仅次于北京、上海、广州，位居第4位，服务业增加值比重为60.5%，形成了以服务业为主导的经济发展格局。2016年，罗湖实现服务业增加值1898.5亿元，占比高达96.2%，达到发达国家和地区的水平，位居深圳全市各区之首，高出全市水平35.7个百分点。

从罗湖发展情况看，消费服务业在全区经济发展中占有较高地位，

若干重点行业发展具备较强实力和影响力。

首先，罗湖是全国乃至世界知名的黄金珠宝产业集聚区。目前，全区共有黄金珠宝法人企业2800家、个体工商户1200多家、专业市场20多个，年交易总额1000多亿元，占到全国一半的份额；黄金加工量、钻石用量分别占上海黄金交易所、钻石交易所全年交割量的80%以上。罗湖拥有的珠宝类“中国驰名商标”21个，占全国的37.2%；珠宝类“中国名牌”23个，占全国的44%，享有“中国珠宝看深圳、深圳珠宝看罗湖”的美誉。

其次，罗湖的医疗美容行业在华南乃至全国具备明显优势。目前，全区共有66家含有医疗美容科的各级各类医疗机构，已初步形成集聚效应，吸引了大量华南地区以及其他地方的消费者。2016年，正规医疗美容机构的诊疗人次约22.4万人次，营业收入近8亿元，分别占全市的52.6%和54.5%。

再次，罗湖的商业、旅游等发展实力领先全市。2016年，全区纳入统计的商业综合体五家，营业额111.7亿元，占全市近30%，居全市第1位。2016年，全区规模以上旅行社及相关服务企业实现营业收入107.7亿元，约占全市的60%。此外，2016年全区商务服务业持续快速增长，连续六年保持两位数增长。

最后，罗湖时尚产业发展也呈现集聚效应，拥有梵思诺、卡尔·丹顿、龙浩等一批具有较大影响力的时尚品牌，自主创新能力较强。

（三）消费发展水平高，新型消费蓬勃发展

2016年，罗湖的社会消费品零售总额达到1152.5亿元，占到全市的21%，仅次于福田，居全市第2位。不过，按人均计算，2016年罗湖的人均社会消费品零售额约为11.5万元，居全市首位，相当于全市

平均水平的2.5倍（见图3-4）。

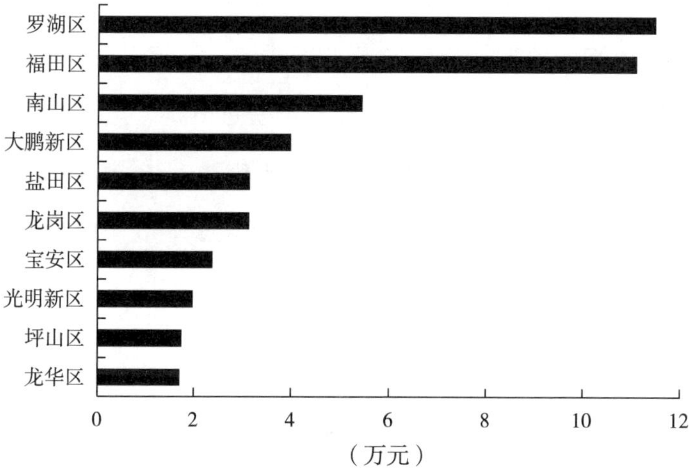

图3-4　2016年深圳各区人均社会消费品零售额

资料来源：深圳市统计局。

从居民消费支出看，2016年罗湖的人均消费支出为42042元，高于全市36481元的水平，居民家庭恩格尔系数为29.8%，比全市水平低0.7个百分点，人们生活水平达到富足。在基本物质消费需求已得到满足的基础上，消费结构向发展型、享受型转变，各类新型消费快速增长，服务消费呈现出较高的成长性。

（四）商业氛围浓厚，消费环境逐步改善

作为深圳发展成熟的城区，罗湖的城市功能相对完善，商业氛围浓厚，为来自各地的消费者提供了便捷化的消费选择。截至2015年，罗湖的商业网点（零售、批发和餐饮）总数为25597个，商业网点面积达到758.8万平方米。在由东门商圈、蔡屋围商圈、人民南商圈共同组成的罗湖商业“金三角”，和以深圳火车站为起点的笋岗清水河片区、水贝珠宝集散地、汽车工艺品销售市场，构建起罗湖区内密集的商业网

点，形成了层次鲜明、业态丰富的商业环境，覆盖了整个辖区，增强了吸引外来消费的承载力。

2012 年以来，罗湖开展购物节、美食节、珠宝节、汽车文化周等“礼享罗湖”各类促销活动 58 场，拉动消费近 100 亿元。通过积极推进“智慧城区”建设，罗湖已实现公益性场所免费无线网络的全覆盖，日均访问量达到 9 万人次。通过开展“诚信联盟”“48 小时无理由退货”“诚信经营优质服务”商户评比活动等，罗湖有效提升了商业竞争软实力，保障了消费者放心消费。

（五）开拓创新意识强，改革动力足

深圳经济特区是我国改革开放的“窗口”和“试验田”，罗湖则是深圳改革开放的发源地，诞生了多个“内地第一”，包括第一家证券交易所、第一家期货市场、第一家地方商业银行、第一个“万元户村”、第一宗土地公开拍卖等，创造了三天一层楼的“深圳速度”。可见，罗湖的发展得益于敢闯敢试、敢为天下先的开拓创新精神。2010 年，深圳将罗湖确定为建设国际消费中心的先行先试区，近两年又将推进消费型经济综合改革列入全市重点改革计划。经过不断努力，罗湖推进国际消费中心先行先试区建设和消费型经济改革取得了积极进展，初步构建起面向全国、辐射东南亚的品牌商圈，打造了集食、住、行、游、购、娱于一体的产业链条，消费对经济社会发展和城区建设的引领作用日益凸显。

在当前深化供给侧结构性改革、培育壮大经济转型新动能的新形势下，深圳还应当继续成为全国改革开放和创新发展的排头兵，在新的消费升级战场发挥引领和带动作用。罗湖作为全市建设国际消费中心的先行先试区，具备进一步深化消费领域改革和开放创新发展的基础。

二 罗湖建设国际消费中心改革创新示范区的问题和差距

（一）空间资源不足的问题日益突出

深圳受自身地理条件的限制，可用的建设用地资源非常缺乏。长期高强度的土地开发，使得目前城市建成区面积已接近行政区面积的50%，逼近土地开发的极限。2015年，深圳的人口密度达到5698人/平方公里，居于全国大中城市首位，分别是上海的1.5倍、广州的3.1倍、北京的4.3倍。从建设用地指标看，2014年以来深圳的土地“招拍挂”供应量逐年下降，到2020年深圳净增建设用地指标不足8平方公里。

作为深圳最早的建成区，罗湖的发展空间紧约束非常严峻。一方面，土地资源不足，辖区78平方公里的土地面积，呈现“一半山水一半城”的格局，建成区只有34平方公里；另一方面，虽然城市更新是突破空间制约的主要路径，但目前仍处在新旧空间交替的阵痛期，新的空间释放尚需时日，难以在短期有效满足国际消费中心主导产业和市场主体快速发展的空间需求。

（二）中高端和国际化消费的吸引力不强

总体上看，罗湖已形成了多层次、多样化的消费服务业发展格局，但中高端消费业态集聚度较低，不同业态的聚合联动不足，国际化消费资源不够丰富，竞争力不强。根据2016年仲量联行（JLL）发布的“全球跨境零售商吸引力指数”，内地城市中上海排名最高，位列全球第6位。深圳位居第35位，落后于上海、北京、成都、天津、沈阳。并且，从该机构发布的“全球跨境奢侈品零售商吸引力指数”来看，内地城市中上海还是全球奢侈品零售商最青睐的城市，排名全球第6位，深圳位居29位，低于上海、北京、成都、沈阳等城市（见表3-6）。从品牌的城市拥有率上看，深圳在2016年的零售品牌拥有率为32%，与上海的54.4%、北京的42.7%存在明显差距。

表3-6　全球跨境（奢侈品）零售商吸引力前35位的城市

排名	跨境零售商吸引力	跨境奢侈品零售商吸引力
1	伦敦	伦敦
2	香港	香港
3	巴黎	巴黎
4	迪拜	东京
5	纽约	纽约
6	上海	上海
7	新加坡	新加坡
8	北京	迪拜
9	科威特城	北京
10	东京	大阪
11	阿布扎比	台北
12	台北	拉斯维加斯
13	吉达	曼谷
14	利雅得	首尔
15	首尔	科威特城
16	洛杉矶	洛杉矶
17	莫斯科	成都
18	曼谷	莫斯科
19	拉斯维加斯	迈阿密
20	大阪	米兰

续　表

排名	跨境零售商吸引力	跨境奢侈品零售商吸引力
21	米兰	吉达
22	迈阿密	利雅得
23	成都	阿布扎比
24	吉隆坡	雅加达
25	芝加哥	吉隆坡
26	旧金山	芝加哥
27	马德里	罗马
28	雅加达	沈阳
29	马尼拉	深圳
30	伊斯坦布尔	天津
31	罗马	慕尼黑
32	天津	南京
33	沈阳	伊斯坦布尔
34	慕尼黑	旧金山
35	深圳	杭州

资料来源：JLL，Destination Retail 2016-Retailers expanding in leading cities around the world。

另外，罗湖虽有较好的商务资源、旅游资源，还有领先全国大中城市的生态环境，但旅游目的地的形象特质不突出，在全国知名度和美誉度不高，对境外游客还缺乏足够吸引力。2016 年，深圳各类旅游住宿设施接待的入境过夜游客 1171.2 万人次，罗湖接待的入境过夜游客仅有 47 万人次，仅占全市的 4% 左右。

(三) 满足新型消费发展的基础设施和配套体系存在短板

近年来，罗湖的商业区域空间布局发生较大变化，传统商业片区“金三角”所处的桂园、东门、南湖街道限额以上消费品零售额占全区的比重由 2012 年 40% 下降到 2015 年的 34%，销售额占比从 54% 下降到 47%。“金三角”片区对罗湖商贸业发展的贡献明显弱化，究其原因，在于商业经营模式的重大变革，居民消费观念随之改变。从一站式消费过渡到体验式消费，从大众消费升级到个性化消费，从单纯线下消费发展到更多线上消费，以购物为主的传统商业集聚区对消费者的吸引力降低。

随着消费升级步伐的加快，特别是新兴服务消费的快速发展，罗湖满足新消费发展的基础设施老旧且改造滞后，缺乏公共活动空间、街头绿地、停车场地，交通拥堵和停车难等问题较为突出。与全球知名的国际消费中心城市及国内的上海等城市相比，罗湖在交通便利度、城市观赏度等方面还有较大提升空间，在各类消费服务行业之间、基础设施和商业之间的融合互动和对接有待加强。

此外，金融、信用等支撑新消费发展的配套体系还不完善。目前，我国网络诈骗、假冒伪劣、虚假宣传等问题依然存在，消费信息安全、金融支付安全、消费者权益保护等风险不容忽视。罗湖的市场监管力度和效果虽整体好于全国总体水平，但旅游产品质量和市场秩序仍有待提升，在入境游客旅游购物过程中，商品和服务有特色、品质有保障的购物场所相对较少，一定程度上影响到游客的消费意愿。

（四）自身发展面临较大的外部竞争压力

首先，香港作为著名的国际消费中心城市，在消费服务业发展、核心商圈建设、高端品牌集聚方面领先于深圳，随着人们消费的不断升级和跨境消费的便利，罗湖由于毗邻香港，在吸引和集聚高端消费、抢占市场份额方面存在一定难度。

其次，从粤港澳大湾区来看，深圳及周边与广州的交通通达性不断提高，由于罗湖商圈在更大范围的影响力和知名度不及广州的主要商圈，因此在吸引外来消费方面也面临一定的竞争（见表3－7）。

表3－7 深圳与广州主要商圈发展的比较

城市	主要商圈	定位	主要零售业态	主要零售商
广州	北京路商圈	旧城市中心	百货、品牌专卖店	广百百货、新大新、五月花广场、摩登百货等
	天河路商圈	华南第一专业市场	百货、购物中心、专业店	天河城、正佳广场、太古汇、摩登百货等
	白云新城商圈	相对高端	购物中心	白云万达广场、天河城百货、5号停机坪购物广场、百信广场等
	珠江新城商圈	年轻新商圈，相对高端	购物中心	高德置地、太阳新天地等
	环市东商圈	相对高端	百货	丽柏广场、友谊商店等
	上下九商圈	以上下九步行街为中心	百货	妇儿商店等
	江南西商圈	以地上和地下步行街为主	购物中心	广百新一城、海珠购物中心、江南新地等
	广州大道北商圈	社区商业	百货、大型超市、专卖店	嘉裕太阳城、广百百货、佳润广场等
	农林下路商圈	中高端餐饮集聚	百货	王府井百货、东山百货等
深圳	东门商圈	深圳历史最悠久的商业区	百货、专卖店、批发市场	天虹商场东门店、茂业百货东门店、南塘商业广场等
	人民南商圈	罗湖高端商业核心区	购物中心	华润万象城、金光华广场等
	福田中心商圈	新兴商圈	百货、购物中心、超市、大卖场	君尚百货、星河 Coco Park、怡景中心城等
	华强北商圈	号称中国电子第一街	百货、购物中心、专卖店	茂业天地、女人世界、顺电、苏宁等
	华侨城商圈	以旅游、休闲为特色	购物中心	欢乐海岸、益田假日广场等
	南山商圈	服务周边社区	购物中心、超市、大卖场	海岸城等

资料来源：荆林波等，《中国商业发展报告（2016—2017）》，社会科学文献出版社2016年版。

最后，罗湖未来发展还面临深圳市内一些后起商圈的竞争。目前来看，深圳市内主要有六大商圈，罗湖的几大商圈发展起步早、规模较大。不过，随着深圳整体消费水平的提高和对外经贸交往的密切，整个城市消费发展的多点支撑格局将进一步完善，福田等城区商圈的快速发展也将对罗湖产生消费分流。

（五）促进消费升级和创新面临体制机制障碍

第一，相关法律法规不健全。在消费新业态、新模式不断涌现的情况下，一些现行法律法规已不适应创新发展需要，或者在执行过程中存在配套法规不完善、与其他法律缺乏协调等问题。

第二，标准体系建设滞后。与近年来消费服务业快速发展相比，服务标准体系建设明显滞后，新兴行业标准缺失，现行服务标准和规范整体水平不高、可操作性不强、宣贯力度不够等，也导致一些标准在实施过程中效果不明显。

第三，市场监管体制机制有待进一步改革。部分消费服务行业发展仍面临行政审批过多、相关限制性条件过严等问题。民营资本进入文化、教育、医疗等新兴服务消费领域仍受到一定限制，很大程度上影响服务行业供给增加和质量提升。此外，重审批、轻监管的情况依然存在，有的部门虽然加强了事中事后监管，但基于大数据的监管、社会共治的理念尚未形成，而政府部门之间的监管缺乏有效协调，也造成不少新的风险隐患和监管盲区。

第四，对外开放力度有待提高。在商品消费方面，与发达国家相比，中高端消费品进口关税、进口环节增值税和消费税相对偏高，不仅造成大量消费外流，而且不利于国内消费品制造业加快升级。在服务消费方面，健康医疗、休闲娱乐、教育文化等行业的对外开放水平有待提高，市场准入和投资的审批限制依然存在。在吸引国际消费方面，存在旅游签证等便利化水平不高、免签国家扩围速度较慢、国内不同城市之间出入境和边检信息互通水平较低、免税退税政策试点范围窄等问题，难以吸引更多国际游客入境消费。目前，深圳共有四个免税店以及五个口岸进境免税店，仅东门茂业 DFS 免税店以及文锦渡口岸免税店位于罗湖，免税店业态发展的不足使得罗湖在吸引消费回流方面存在较大难度。

三 罗湖建设国际消费中心改革创新示范区的功能定位和目标

（一）功能定位

在经济发展进入新常态的大背景下，结合罗湖的发展基础和发展优势，积极推动供给侧结构性改革，全面深化对内对外开放，增强罗湖扩大和引领消费、配置消费资源的能力，打好文化、创新、区位和改革“四张牌”，将罗湖打造成为我国具有岭南文化特质的消费核心区、消费和创新创业融合发展的先行区、深港消费联动发展的探索区以及服务业供给侧结构性改革的首善区，成为新时期我国配置国内外消费资源的新平台、扩大消费和城市转型升级的新标杆、服务业创新发展的排头兵。

1. 具有岭南文化特质的消费核心区

充分挖掘岭南文化特色，并融入商品、服务的供给中，形成香港、深圳、广州等粤港澳大湾区一体化的消费文化特质和市场特色，实现以文化集聚消费、用文化提升消费、靠文化创新消费，最终使罗湖成为具有岭南文化特质的消费城市的主要代表区域和集中实现区域之一。在集聚和引领消费创新发展的过程中，要特别注重现代经济社会发展和传承传统岭南文化的相互关系，将岭南文化特质与现代化产业、商品和服务有机结合，在消费领域打造深圳氛围、深圳品质、深圳品位和深圳情调，既与北京、上海等城市形成鲜明的文化差异，又能与香港、广州、佛山等地相比形成独特的城市特色和消费特点。

2. 消费和创新创业融合发展的先行区

充分发挥深圳现代产业发达、创新创业活跃和时尚年轻消费人群比重高的独特优势，将产业发展、创新创业与扩大消费紧密结合。在供给侧，积极促进服装、家居、首饰、电子产品的研发设计创新，促进医疗美容、休闲、文化娱乐、健康等消费服务业创新升级，不断提升和优化商品及服务供给。在需求侧，围绕重点消费群体，结合罗湖及深圳的产业优势，消除扩大消费的短板和障碍，实现产业发展与消费扩张的有机衔接和统筹推进，将产业和人才优势转化为消费资源，打通供给和需求通道，形成供给改善与消费创新的良性互动机制，进一步提升集聚和引领粤港澳大湾区消费的能级。

3. 深港消费联动发展的探索区

在推进粤港澳大湾区国家战略的过程中，充分发挥毗邻香港的地缘优势，特别是发挥罗湖消费服务业发展快、潜力大的优势，与香港在消费领域变竞争为合作，形成内容互补、错位发展、协同互动的发展格局。例如，通过交通一体化、支付便利化、过境便捷化等制度创新，使深圳和香港在消费上成为整体、互为旅游及消费目的地，增强对两地乃至更大范围消费资源的整合能力，形成合力，成为整体，实现互利。

4. 服务业供给侧结构性改革的首善区

充分发挥深圳作为我国改革开放前沿和窗口的作用，利用自贸试验区改革创新先行先试的优势，针对扩大消费面临的主要体制机制障碍，加快供给侧结构性改革步伐。以罗湖建设国际消费中心改革创新示范区为契机，在服务业的准入、监管、金融、跨境电商、出入境管理以及财税、土地、人才等领域，加快改革创新，探索我国扩大消费及服务业创新发展政策，为我国全面深化改革和推进供给侧结构性改革提供可复制的政策经验。

（二）主要目标

根据深圳罗湖的经济社会发展，特别是消费发展的主要趋势和要求，借鉴国际知名消费中心城市形成发展经验，在居民消费结构持续升级、人口结构和城镇化格局不断变化以及现代技术及商业模式加速创新的大背景下，未来罗湖建设国际消费中心改革创新示范区的目标是：

未来 2 ~ 3 年，努力构建全新消费体系及政策体系，通过制度创新提升消费功能，打造一流的消费供给体系、优越的消费环境体系、先进的消费文化体系、完善的质量标准体系和健全的政策法规体系，加快形成内部与外部需求叠加、国内与国际市场一体发展、商品与服务融合互动、产业与消费相互支撑、深圳与香港协同联动的消费发展格局，进一步提升罗湖消费供给能力、资源整合配置能力、消费发展能级，将罗湖建成华南地区国际化程度最高、消费环境最好、创新能力最强的国际消费中心城市核心区，成为集购物休闲娱乐中心、高端商务中心、产品发布展示中心、消费体验中心、文化时尚创意中心、商品和服务设计定制中心、消费业态和模式创新中心以及全球进口商品集散中心等于一体的华南地区领先、东亚地区重要的消费中心。

未来3～5年，将罗湖建设成为全国领先、亚洲知名的国际消费中心城市核心区，成为我国整合和配置全球消费资源的重要门户，成为引领和带动我国消费的重要功能区，成为中国品牌走向全球的窗口和高地。通过罗湖国际消费中心改革创新示范区的建设，进一步扩大和促进我国消费结构升级、推动城市及区域经济优化转型，带动和引领新业态和新模式创新发展，并且作为新时期我国服务业提升对内对外开放水平的前沿和窗口，巩固和提升深圳在消费创新和引领方面的重要功能，继续强化作为华南乃至全国经济社会可持续发展的新引擎和增长极的重要地位。

四 罗湖建设国际消费中心改革创新示范区的政策建议

罗湖建设国际消费中心改革创新示范区，要以完善消费环境、制度、政策和生态为重点，坚持“点线面结合、高中低兼顾、内外贸并重”，大力发展服务消费、时尚消费、品质消费、信息消费、绿色消费，持续深入推进供给侧结构性改革，消除扩大消费存在的体制机制障碍。

（一）优化和创新商品及服务供给体系

充分发挥罗湖消费领域两大优势：一是近年来发展较快的服务行业大多与居民消费结构升级要求紧密贴合；二是珠宝首饰、家居、服装等商品与创新创业紧密结合。顺应信息化、绿色化、智能化、高端化、服务化等消费发展新趋势，推动消费商品及服务差异化、个性化、定制化，不断优化和创新商品、服务供给体系，进一步激活内外部消费特别是服务消费需求。

一是大力发展健康服务业。积极推进与韩国、美国等医疗美容机构的合作，发展特色专业医疗美容服务业，尽快形成国内领先的医疗美容产业集群。通过培育发展高端医疗设备和可穿戴电子健康产品，大力培育生命健康新业态，提供特色化、专业化的健康服务。加快建设集名中医诊疗、中医文化体验和中药展览于一体的特色“国际名中医馆”，并与“一带一路”沿线国家合作，推广中医特色诊疗服务。整合梧桐山、仙湖植物园、东湖公园生态资源，打造国内知名的健康管理和养生休闲服务基地，重点发展疗养度假、中医养生、照护康复等特色服务。

二是大力发展文化娱乐和艺术产业。以“金三角”国际商业区为核心，推动文化娱乐休闲场所服务、模式和业态创新，打造若干具有国际水准的文化娱乐产业集群。借鉴巴黎、纽约、东京、香港等城市文化形态，突出文化和民族特色，加快发展文化会展、歌舞演艺、剧场文化、街头艺术、创意市集、非物质文化遗产开发等文化产业新业态。

三是积极培育与罗湖及深圳产业相匹配的时尚创意产业。围绕电子产品、黄金珠宝、家居家饰、服装服饰等产业集群，通过积极搭建交流平台、引进国际知名设计师、提升中国（深圳）国际珠宝首饰设计大赛等专业赛事水平，增强罗湖时尚创意产业的国际影响力。围绕相关产业提高设计成果转化、供应链管理、创业融资、渠道导入等服务能力。通过引进国际知名时尚设计机构，强化时尚创意、时尚商业及品牌管理、时尚消费等教育与培训，全方位提高罗湖时尚产业的国际化水准。以深圳时装周、罗湖国际时尚产业高峰论坛、罗湖国际新锐设计师大赛、深圳珠宝节暨深圳国际珠宝展、中国杯网球大赛等赛事活动为重点，推动珠宝产业与服装、体育、影视、婚庆等融合发展，促进设计师品牌店和买手店发展，丰富商品和服务供给结构，在提升深圳商品品质、培育自主品牌的基础上，打造深圳品牌、罗湖品牌。

四是大力促进高品质都市白领消费。结合深圳白领和创业群体密集的特点，积极拓展对接创业和白领消费群体的各种消费需求。以餐饮、培训、娱乐、文化、休闲、社交、健身等为重点，积极开发白领主题项目和载体，支持企业运用虚拟现实、增强现实等新技术开展线上线下服务，增强消费体验，服务和引导白领群体扩大消费、便利消费，打造罗湖品质生活，引领带动整体消费扩张。

五是扩大进口商品消费。通过建立进口商品、跨境商品展示交易设施，提高跨境电商通关便利化水平，完善跨境电商物流设施等，提高罗湖在进口商品和跨境电商方面的辐射集聚能力，使罗湖成为华南地区重要的跨境电商基地。

（二）加快开放化、特色化、集群化的都市消费载体及环境建设

一是与香港合力推进“口岸经济带”建设。在粤港澳大湾区规划和建设过程中，发挥罗湖与香港之间口岸相连、文脉相融、居民相亲等优势，联合香港有关方面，沿深圳河串联罗湖、文锦渡和莲塘三大口岸，推动深港合作开发过境土地，共建宜居宜业宜游优质生活圈。大力发展国内外精品优品消费、保税展销体验消费及境外旅客购物离境退税服务，打造独具魅力、特色鲜明、活力充沛的“口岸经济带”。

二是推进传统商圈改造升级，加快建设“商旅文”特色街区。按照适度超前的要求，着力打造以布吉河为轴，依托蔡屋围、笋岗、人民南、东门、湖贝、水贝六大特色商圈，以及口岸经济带的“一河六圈一带”的消费空间布局，推进与巴黎、纽约、东京、香港等国际著名商圈的合作和联动，重点打造“金三角”国际级商业中心。拓展新型

消费和各类消费服务业的发展空间，注入文化、时尚、创意、休闲、绿色等新消费元素，促进消费服务业加快集聚。充分发挥罗湖的商业优势、旅游资源和岭南文化底蕴，以布吉河休闲黄金水岸、湖贝现代综合商业区、梧桐山文体旅游休闲区、人民南医美街区为重点，打造一批商旅文融合、功能配套设施齐全、各具特色的商业街区。

三是加快新业态和新模式载体建设。在城市更新改造、传统商贸业转型升级的同时，为消费新业态和新模式提供或预留设施及土地，鼓励实现集中、集聚、集群发展，为新型消费创造发展条件和空间。重点加强新型消费设施合理布局，加强与消费密切相关、具有关键支撑作用的市场设施、平台设施建设，如大型交易市场、电商平台、体验式购物中心、跨境电商平台、信用体系、商品追溯体系等，有针对性地加快“补短板”和“补链条”。

四是完善和提升消费支撑及配套设施。结合重要产业及商圈，进一步完善机场、轨道交通、公交等，提高各类交通设施之间换乘的便捷性和信息化、智慧化水平。以打造站点接驳、休闲和立体商业为重点，规划建设由“步道 + 河道 + 绿道 + 廊道”组成的慢行系统。进一步完善信息设施及平台，重点推进大数据、云计算、移动互联网等在消费领域的开发，从广度和深度上覆盖罗湖辖区的购物中心、百货商场、品牌旗舰店、超市等实体零售店。完善消费金融基础设施，优化金融基础设施空间布局，健全金融基础设施服务体系，特别是满足电子支付、移动支付等新兴支付方式，全面提高支付与结算的便利性和安全性。

五是开展国际形象专业塑造和推广。与国际一流的专业公关和设计策划公司合作，在“魅力罗湖”主题基础上，对罗湖国际消费中心改革创新示范区的形象进行专业定位，塑造兼具全球化和岭南文化特色的城市名片。强化主题感、时尚感和时代感，广泛开展与世界各国的主题消费合作，开发设计英语、粤语等导游导购手机应用软件，建设专门以及日常高素质服务志愿者队伍或公益服务群体，为国内外消费者提供保障。

六是建立良好消费生态。增强不同消费环节和消费领域的融合互动，挖掘关联消费潜力，促进消费集聚和创新发展。着眼不同层次、不同人群、不同地域消费的集聚，形成多层次和多样化消费的引领带动功能。强化商品消费与服务消费之间的融合互动，形成消费的综合吸引能力，加快商品、服务和商业模式等领域的创新，提升消费资源配置能力。

七是构建与国际接轨的消费促进和保障规则。建立接轨国际的服务标准及消费者权益保护、知识产权保护、医疗保险等制度。探索建立综合性执法机构以及一体化、全链条负责的商品质量、食品安全、市场秩序综合监管体系，严厉打击制假售假、虚假宣传、商业欺诈等不正当竞争行为，全面推进社会信用体系建设，在法治框架下提供便捷低成本的消费维权途径。加大消费品质量违法行为惩处强度，建立红黑名单、惩罚性赔偿等制度，健全质量安全事故强制报告、缺陷产品强制召回、严重失信企业强制退出机制。

（三）加强有利于扩大消费的政策创新

一是进一步深化“放管服”改革，精简优化审批项目及流程。对于健康医疗、整容美容、文化创意、休闲娱乐、教育培训等新兴服务消费，在优化监管的前提下，进一步放宽准入和资质审批条件，加快集聚集群发展，优化消费生态，营造有利于扩大和促进消费的市场化、法治化、国际化营商环境。

二是在深入推进财税体制改革的框架下，适当降低相关行业的税负水平，建立有利于扩大和促进消费的税收制度。研究推进优化消费税改革，加快调整消费环节的征税范围、征收环节、税率等内容。完善离境退税政策，扩大免税品种，增加免税购物额，简化免税手续，建立免税店内即买即退的快速退税通道。

三是加强城市更新和商圈改造用地保障。将商圈打造、商业设施建设与城市功能调整、产业转移升级及城市更新统筹推进，明确各类土地引导优惠政策，探索利用工业设施、拆搬迁及集体土地以入股、租赁、回迁等方式，整合和集约使用现有土地资源。

四是进一步提升服务业对外开放水平。鼓励跨境电商、市场采购贸易、外贸综合服务企业等新业态创新发展，精简优化人员、货物出入境管理手续，推动贸易便利化和通关便利化。探索自贸试验区、外贸新业态试点、内贸流通体制改革试点、现代服务业综合试点等政策复制推广，鼓励商品和服务消费的融合协同发展。

五是为扩大消费提供更加国际化、便利化的条件。加快金融、外汇、结算等政策的创新，提升金融体系的国际化和便利化水平。积极扩围双边免签证国家，探索深港过境免签互认，借鉴上海、杭州和南京经验，在深圳、广州、香港、澳门等粤港澳大湾区主要城市实施 144 小时过境免签政策。尽可能缩短国际最新美容器械和药品的认证时限。提高邮轮游客出入境管理便利化水平，为境外游客入境旅游消费提供条件。

六是优化检验检疫出口货物电子报检、化妆品标签申报、进出口企业备案登记、检测申请等流程，缩短进口商品流转周期。针对国际时尚与节庆活动中小规模、多品类进口商品，争取复制外贸综合服务、市场采购、跨境电商等优惠政策。创新报关、检验检疫等制度，设立进口商品绿色通道，探索便捷高效的快速通关模式和一站式窗口服务。试点开展特定品类进口商品备案制管理，对国外权威的第三方检测报告予以互认，为化妆品等商品进口以及国际买手店等新业态发展提供支持。

（四）完善消费统计指标体系

建立适应服务业发展要求和体现消费实际情况的消费统计指标体系，优化商品消费和服务消费、传统消费和新型消费、规模以上企业和小微企业等统计指标。特别是探索构建国际消费中心城市的衡量指标，为研究制定更有针对性的政策措施提供决策支撑，并提高地方政府促进消费和服务业发展的积极性。

（五）争取对示范区探索实践的政策支持

加快推进罗湖国际消费中心改革创新示范区的试点工作，着力在制度创新方面加大探索力度。围绕体制机制、政策体系及发展载体建设等内容，积极争取深圳市和广东省政府乃至国家部委在监管、税收、金融、投资、土地、跨境电商、离境退税等方面的政策支持。

"深圳罗湖建设国际消费中心改革创新示范区的政策研究"课题组

课题负责人：王　微

课题协调人：刘　涛

课题组成员：任兴洲　王　青　漆云兰　李　布　刘　涛　胡国良

执　笔　人：刘　涛　王　微　王　青　漆云兰

参考文献

[1] CBRE Research. How global is the business of retail? [R]. 2016.

[2] Yuwa Hedrick-Wong, Desmond Choong. MasterCard Global Destination Cities Index 2015 [EB/OL]. https://www.mastercard.us.

[3] RET 睿意德. 中国买手店研究报告 [R]. 2014.

[4] 贝恩咨询. 互联网品牌化和品牌互联网化 [R]. 2015.

[5] 任兴洲, 王微, 王青, 等. 新时期我国消费新增长点研究 [M]. 北京: 中国发展出版社, 2014.

[6] 任兴洲, 王微, 王青, 等. 建设全国统一市场: 路径与政策 [M]. 北京: 中国发展出版社, 2015.

[7] 任兴洲, 王微, 王青, 等. "互联网+流通": 创新实践、成效与政策 [M]. 北京: 中国发展出版社, 2016.

[8] 荆林波, 等. 中国商业发展报告 (2016—2017) [M]. 北京: 社会科学文献出版社, 2016.

[9] 商务部电子商务和信息化司, 中国互联网络信息中心. 中国网络零售市场分析报告 2014 [Z]. 2015.

[10] 中国电子商务研究中心. 2015 年度中国电子商务市场数据监测报告 [Z]. 2016.

[11] 中国旅游研究院. 中国入境旅游发展年度报告 2015 [M]. 北京: 旅游教育出版社, 2015.

[12] 中华全国商业信息中心. 2014 年中国网络零售市场分析 [Z]. 2015.

[13] 中国信息化百人会课题组. 信息经济崛起重构世界经济新版图 [M]. 北京: 电子工业出版社, 2015.

[14] 罗湖区政府. 关于罗湖区创建国家消费型经济综合改革试验区

进展情况的报告［Z］. 2017.

［15］罗湖区政府办．关于印发罗湖区消费型经济改革创新实施方案（2016—2018年）的通知［Z］. 2016.

［16］罗湖区政府办．关于印发罗湖区国际消费中心建设“十三五”规划的通知［Z］. 2016.

［17］罗湖区经济促进局．关于落实粤港澳大湾区城市群发展规划 推进“口岸经济带”建设的政策建议［Z］. 2017.

［18］罗湖区经济促进局．罗湖区推进口岸经济带建设情况报告［Z］. 2017.

［19］罗湖区经济促进局．罗湖区珠宝产业供给侧结构性改革实施方案（征求意见稿）［Z］. 2017.

［20］罗湖区统计局．罗湖区“十二五”期间经济社会发展综述［Z］. 2016.

［21］罗湖区统计局．深圳市罗湖区2015年全国1%人口抽样调查主要数据公报［Z］. 2016.

［22］罗湖区统计局．深圳市罗湖区2016年国民经济和社会发展统计公报［Z］. 2017.

［23］罗湖区统计局．罗湖区2016年经济运行情况［Z］. 2017.

［24］罗湖区统计局．罗湖区2016年规模以上服务业发展分析［Z］. 2017.

成都建设国际消费中心城市的政策研究*

成都作为我国西部地区重要的中心城市，是具有重要引领作用的国家中心城市和“一带一路”建设的开放前沿，不仅在国内具有较强的消费集聚能力，也是全球最具增长潜力的消费城市，对“一带一路”沿线国家和地区发挥重要的消费辐射和带动作用，具备建设国际消费中心城市的基础和有利条件。未来成都要全力打造“品质生活、休闲体验、活力包容”的消费名片，做大做强商贸、旅游、餐饮、文体、会展、康养六大优势产业，做精做优成都消费、成都服务、成都制造、成都文化四大特色品牌，努力将成都建设成为我国西部地区国际化程度最高、消费环境最好的消费之都，辐射和引领“一带一路”沿线国家和地区的重要消费门户，特色彰显、世界知名的国际消费中心城市，为我国推动形成全面开放新格局提供战略支撑，为促进经济高质量发展提供经验示范。

一 成都建设国际消费中心城市的必要性与迫切性

（一）践行以人民为中心发展思想、满足人民美好生活需要的内在要求

党的十九大提出，我国发展进入决胜全面建成小康社会、开启全面

* 该课题完成于2018年5月，研究得到了成都市商务局的资助和成都市服务业研究院的支持。

建设社会主义现代化国家新征程的关键时期，社会主要矛盾已经转化为人民日益增长的美好生活需要和不平衡不充分的发展之间的矛盾。提高城乡居民消费水平，增进人民福祉，是践行以人民为中心的发展思想、深化改革开放和加快现代化建设的出发点与落脚点，也是当前和今后一个时期我国发展的重大目标和任务。

国际经验表明，当一国恩格尔系数低于30%时，开始进入富足阶段；当人均GDP达到11000国际元（麦迪森1990年国际元）时，处在消费结构持续升级的重要阶段。在此阶段，通过建设大型消费中心城市和打造国际消费中心城市，有效集聚全球消费资源，提升自身实现消费、带动消费和引领消费的能力，可以为促进居民消费升级提供强大支撑。

随着我国经济的持续增长，城乡居民的收入和消费水平不断提高（见图3－5）。2017年，居民恩格尔系数为29.3%，人均GDP跃上11000国际元的台阶。对照国际经验，我国正处在迈向富足、步入新一轮消费结构升级的重要时期，迫切需要加快形成一批符合消费结构升级要求的消费新载体和新途径，为城乡居民提供内容丰富、方式便捷的消费，提高人们的生活水平和质量。

成都作为我国西部重镇，以其独具特色的消费文化和丰富的消费资源，已发展成为立足四川、辐射西部、面向全国的重要消费中心城市，消费规模和增速均处在全国主要城市前列。2017年，成都实现社会消费品零售总额6403.5亿元，居全国大中城市第五位，占到西南五省区市（四川、贵州、云南、西藏、重庆）的17%左右，具有较强的消费集聚、实现、带动和引领能力，服务范围不仅是满足本市、全省的消费需要，还服务于西南地区及更广阔的西部地区，在全国也有较高的吸引消费和集聚消费的能力。在新一轮消费结构升级的关键时期，成都建设

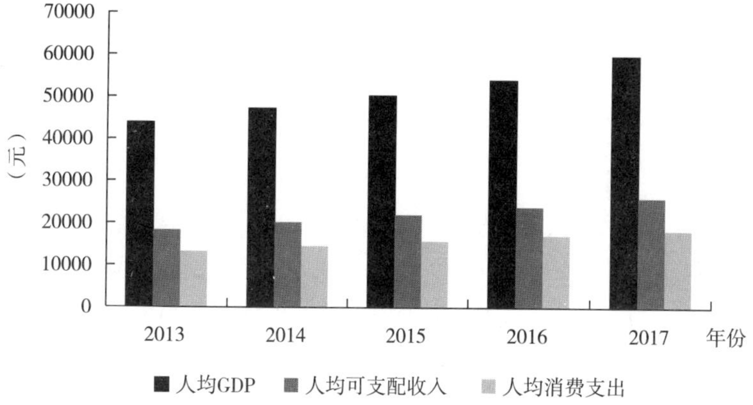

图3－5　2013—2017年我国人均GDP、人均可支配收入和人均消费支出的增长

资料来源：国家统计局。

国际消费中心城市，通过有效集聚国内外消费资源，进一步提升实现消费、带动消费和引领消费的能力，将会有力促进西南地区乃至整个西部城乡居民的消费升级，更好满足人们的美好生活需要，增加人民的获得感和幸福感。

（二）推动经济发展动力变革、实现高质量发展的现实需要

当前，我国经济已由高速增长阶段转向高质量发展阶段，正处在转变发展方式、优化经济结构、转换增长动力的攻关期。加快形成以消费为引领的新发展方式，是推动经济高质量发展的重要要求。2017年，我国社会消费品零售总额增长10.2%，连续三年超过全社会固定资产投资完成额的增长率，最终消费对经济增长的贡献率为58.8%，连续三年高于50%，消费已成为拉动经济发展最主要、最稳定的动力（见图3－6）。与典型工业化国家相比，我国消费增长还有很大潜力，积极顺应和把握消费发展趋势，以消费升级引领经济转型，有利于激活内生动力，提高发展质量，实现持续健康的发展。根据国际经验以及我国消

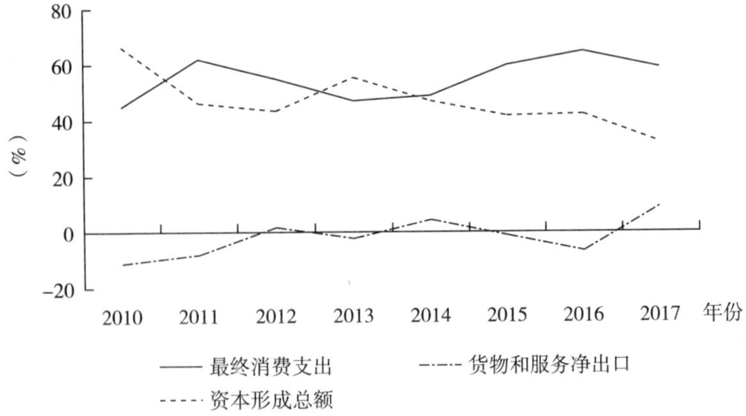

图3－6　2010—2017年我国三大需求对经济增长的贡献率

资料来源：国家统计局。

费发展的实践，建设国际消费中心城市，不仅可以在更大程度上发挥消费对经济增长的拉动作用，而且能更好起到对转变发展方式的导向作用。因此，在原有消费格局的基础上，建设一批立足国内、辐射周边国家、面向世界的国际消费中心城市，将会集聚更多新的消费资源，进一步增强消费的贡献和支撑能力，促进消费驱动经济发展模式更加巩固。

成都作为我国重要的消费增长极，对西部地区、全国乃至更大范围都具有较强的集聚辐射能力。建设国际消费中心城市无疑是成都打造具有国际国内两个市场资源配置功能的重要载体和平台，有利于成都成为全球消费资源的汇聚高地，进一步增强成都消费市场能级，并为西部地区乃至全国实现高质量发展注入新动能。

（三）适应全球化趋势、抢占全球消费市场的必然选择

经济全球化的深入推进，促进了跨境消费的蓬勃发展，正在打破全球消费市场的时间和空间阻隔，呈现出全球消费市场一体化发展的新趋势。国际消费中心城市已成为很多国家参与全球消费市场竞争、集聚全

球消费资源、吸引全球消费客流的重要载体，也成为近期我国部分大型中心城市加快创新、提升城市发展能级的新目标。在推动形成全面开放新格局的进程中，特别是随着“一带一路”建设的推进，地处内陆的西部地区正在从开放的末端转变为开放的前沿，成为我国内外贸一体化、国内外消费一体化的双向通道和战略节点。成都作为承接华南华中、连接西南西北、沟通中亚东南亚的重要交会点，是国家新一轮向西开发开放的枢纽城市，具有广阔的经济腹地优势、较强的消费品制造和消费服务业优势，更具有历史悠久、特色鲜明的消费文化，有能力和条件成为辐射我国西部地区以及“一带一路”沿线国家和地区数亿消费者、潜力巨大的消费市场。

加快成都国际消费中心城市建设，既有利于更好利用全球商品和服务满足我国新阶段多样化、高品质的消费需求，成为我国、“一带一路”沿线国家和地区乃至全球消费的目的地；还有利于打造中国服务、中国制造的品牌和文化展示窗口以及进入全球市场的通道，为我国参与消费市场全球化竞争、抢占全球消费市场制高点提供有力支撑。

（四）把握新技术变革机遇、实现新型消费“弯道超车”的迫切需要

近年来，以大数据、云计算、人工智能等为代表的新一轮科技革命蓬勃兴起，在消费领域得到越来越多的应用，引发消费模式的深刻变革，促进了消费方式创新和消费潜力释放。从我国来看，消费领域的新业态和新模式层出不穷，特别是依托技术创新，不仅大大满足了原有的消费需求，更重要的是创造了很多新需求，提升了消费体验。在电子商务、移动智能终端、共享经济等领域，我国已在技术创新和商业模式创新方面初步建立起了领先优势，与发达国家从过去的“跟跑”为主逐

步转向“并跑”甚至“领跑”，为我国抢抓新技术变革机遇，促进新型消费从追赶式发展向跨越式发展转变、实现“弯道超车”提供了有利条件。

从全国范围看，成都经济腹地广阔，拥有较为丰富的基础科研、技术创新资源以及高层次人才资源。因此，成都建设国际消费中心城市，有利于抓住新技术变革机遇，将更多技术、商业模式创新成果应用到消费市场中，促进新产品、新服务、新时尚的涌现，实现成都新型消费发展的“弯道超车”，使既符合时代潮流又代表中国特色的创新业态、创意设计成为全球消费发展的风向标，对全球消费扩张和升级发挥引领作用。

（五）加快国家中心城市建设、带动更广区域发展的有效载体

当前，我国已进入城市化发展中后期阶段，城市化水平提高对消费的促进作用日益显现，长三角、珠三角、京津冀等东部沿海地区大型城市群的消费市场规模占到全国的30%以上，而中西部地区还需要进一步培育具有较强带动作用的城市群。成都作为中西部地区发展基础较好、发展潜力较大、辐射能力较强的大型中心城市，经济总量已跃上万亿元的台阶，人均国内生产总值（GDP）超过1万美元，城市综合实力、竞争力和吸引力显著增强。2016年，国家发改委、住建部印发的《成渝城市群发展规划》明确提出，成都要以建设国家中心城市为目标，提升参与国际合作竞争层次，打造带动四川、辐射西南、具有国际影响力的现代化都市圈，从而赋予了成都在新阶段更重要的历史使命。

成都建设国际消费中心城市，有利于在更高层次、更宽领域参与全球消费资源的整合和竞争，营造丰富、多样、现代的消费场景，提高吸引高端人才的软实力，加快国家中心城市建设。同时，通过与更广区域

的联系互动，还有利于实现各种要素资源的优化配置，促进成渝城市群相向发展，与重庆、西安等城市共同构建支撑西部大开发、内陆地区对外开放的增长极。

二 成都建设国际消费中心城市的基础和优势

（一）消费市场规模位居前列，集聚能力较为突出

第一，消费市场规模居于全国前列。成都经济腹地广阔，消费市场呈现较快增长态势。自 2006 年社会消费品零售总额突破千亿元以来，成都消费市场连续多年保持两位数的增长。2017 年，成都实现社会消费品零售总额 6403.5 亿元，在全国大中城市中排名第五，在副省级市中仅次于广州，位列第二（见表 3－8）。

表 3－8　2017 年国内主要城市社会消费品零售总额

排名	城市	社会消费品零售总额（亿元）
1	上海	11830.3
2	北京	11575.4
3	广州	9402.6
4	重庆	8067.7
5	成都	6403.5
6	武汉	6196.3
7	深圳	6016.2
8	天津	5729.7
9	杭州	5717.0
10	南京	5604.7

资料来源：各城市 2017 年统计公报。

第二，全球消费资源集聚能力较强。根据2016年仲量联行（JLL）发布的“全球跨境零售商吸引力指数”“全球跨境奢侈品零售商吸引力指数”，成都在全球140个主要消费城市中分别排名第23位和第17位，在内地城市中仅次于上海、北京，名列第三位（见表3－9）。目前，入驻成都的国际一线品牌共计111个，门店数量达到200多个；国际一线奢侈品品牌69个，奢侈品门店数量为122家，均位列全国第三。国际一线奢侈品牌的旗舰店数量达到19家，且包括多个西南地区首店、旗舰店，一些国际高端品牌还将成都作为其在中国地区乃至亚太地区的总部。

表3－9　全球跨境（奢侈品）零售商吸引力前30位的城市

排名	跨境零售商吸引力	跨境奢侈品零售商吸引力
1	伦敦	伦敦
2	香港	香港
3	巴黎	巴黎
4	迪拜	东京
5	纽约	纽约
6	上海	上海
7	新加坡	新加坡
8	北京	迪拜
9	科威特城	北京
10	东京	大阪
11	阿布扎比	台北
12	台北	拉斯维加斯
13	吉达	曼谷
14	利雅得	首尔
15	首尔	科威特城
16	洛杉矶	洛杉矶

续 表

排名	跨境零售商吸引力	跨境奢侈品零售商吸引力
17	莫斯科	成都
18	曼谷	莫斯科
19	拉斯维加斯	迈阿密
20	大阪	米兰
21	米兰	吉达
22	迈阿密	利雅得
23	成都	阿布扎比
24	吉隆坡	雅加达
25	芝加哥	吉隆坡
26	旧金山	芝加哥
27	马德里	罗马
28	雅加达	沈阳
29	马尼拉	深圳
30	伊斯坦布尔	天津

资料来源：JLL，Destination Retail 2016，Retailers expanding in leading cities around the world。

第三，国内外消费客流集聚能力较强。2017 年，成都常住人口 1604.5 万人，在全国大中城市中排名第四。同时，成都还是我国中西部地区拥有世界 500 强企业、外国领事机构最多的城市，已有 281 家世界 500 强企业、17 家领事机构落户，常住人口中外籍人口 2.5 万多人，约为上海的 1/6、北京的 1/8。同时，成都对国内外游客具有较大吸引力，形成了一定规模的外来消费，入选过联合国世界旅游组织（UNWTO）评定的“中国最佳旅游城市”和美国有线电视新闻网（CNN）评选的 2017 年全球首选 17 个目的地之一，成都旅游消费的客源已覆盖全球。2017 年，成都接待国内游客 2.1 亿人次，国内旅游收入 2946.2 亿元，分别占全国的 4.2% 和 6.4%；接待入境游客 301.3 万人次，占到全国的2.2%（见图3－7）。

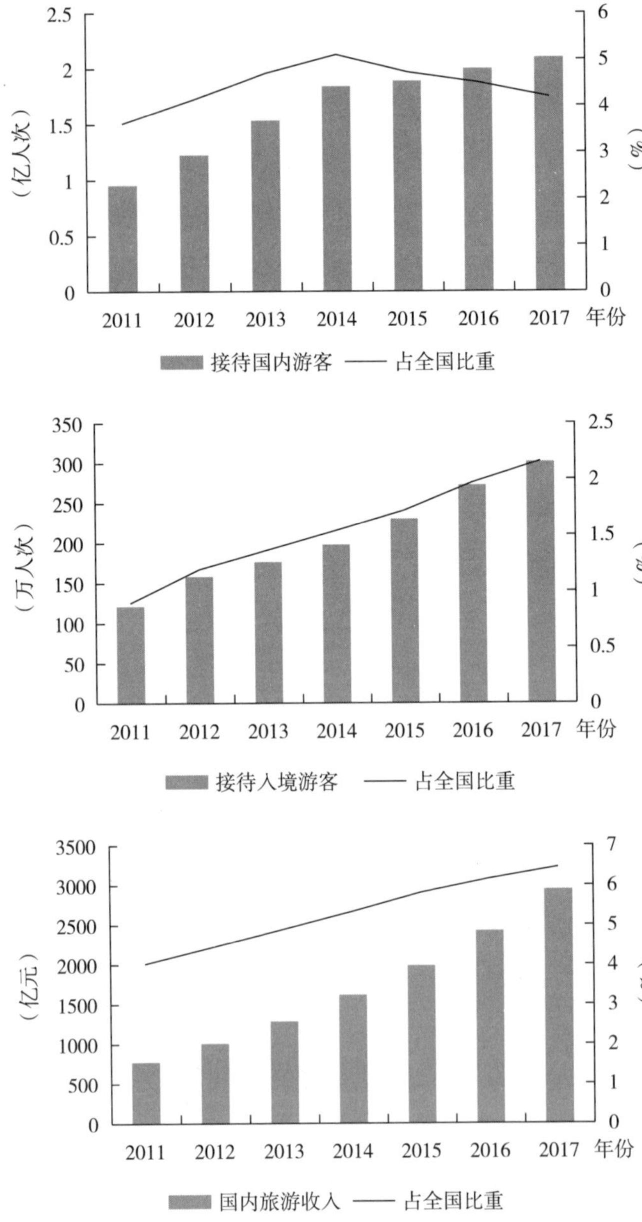

图3－7　2011—2017年成都接待国内外游客数量和旅游收入的增长

资料来源：国家统计局、成都市统计局。

（二）消费活力日益显著，市场创新竞相涌现

一是中青年消费人群规模大、比重高。根据第六次全国人口普查的统计，成都 15～64 岁的常住人口占比为 79.4%，高于全省 7.3 个百分点，比全国水平也高出 4.9 个百分点。同时，据调查，成都城市综合体和购物中心 15～30 岁消费者占比为 56.4%，31～45 岁消费者占比为 43.3%，成为支撑消费市场发展的绝对主力。

二是消费观念超前而活跃。在规模庞大的年轻消费群体的带动和影响下，成都具有鲜明的敢于尝新、超前消费的特点。2013—2016 年，成都居民储蓄率平均为 34%，明显低于同期 42.6% 的全国平均水平，表明居民的消费意愿相对较高。更重要的是，成都对新型消费的认可和接受程度高。以近年来增长较快的服务消费为例，2017 年成都在北京、广州、杭州、上海、深圳等样本城市中脱颖而出，服务消费升级指数位列第一，获评“年度推荐消费升级代表城市”①。2017 年“十一”黄金周期间，成都居民用于购买出境游产品的人均支出超过三万元，居于全国首位②。另据麦肯锡等发布的《2016 中国奢侈品网络消费白皮书》，成都奢侈品网购总订单量和消费人数仅次于北京、上海，排名全国第三。

三是消费新业态和新模式加快创新。近年来，成都商贸零售等消费服务业顺应消费升级的趋势和年轻人消费的特点，积极创新业态和商业模式，促进了旅游体验、共享服务、绿色服务的发展。同时，国内一大批消费新业态、新模式也纷纷亮相成都，盒马鲜生、超级物种、果小美等跨界零售品牌不断涌现。据不完全统计，目前成都已有新零售品牌近 20

① 财新传媒等：《2017 年 12 月伊利中国消费升级指数报告》。
② 同程旅游：《“十一”黄金周旅游大数据报告》。

家，涉及“餐饮+零售”、无人超市、办公室无人货架等（见表3-10）。

表3-10 近年来入驻成都的新零售品牌

序号	品牌名称	序号	品牌名称
1	盒马鲜生	10	fxBox 函数空间
2	超级物种	11	五粮 e 店
3	苏鲜生	12	果小美
4	天猫超市	13	猩便利
5	未来生活	14	顺丰丰 e 足食
6	雅堂小超	15	饿了么 e 点便利
7	GOGO 无人超市	16	果以优
8	缤果盒子	17	福柜
9	EasyGo		

资料来源：成都市服务业研究院。

（三）消费相关产业较为发达，业态多样层次丰富

从历史上看，成都消费底蕴深厚，发达的商业文明为成都现代消费市场的繁荣发展奠定了基础。当前，成都正在加快向我国西部的批发贸易高地、休闲购物之都、国际美食之都和会展名城的发展目标迈进。

一方面，一些特色行业发展基础好，在西部地区乃至全国占有重要地位。从商贸行业看，成都依托四川农产品、食品、日用消费品的资源和产业优势，集聚省内外、国内外众多品牌企业。在2017年城市商业魅力排行中，成都排名仅次于北京、上海、广州和深圳①。从旅游行业看，成都拥有“天府之国”“休闲之都”的美誉，2017年国内游客人次、国内旅游收入占到全省的30%以上，入境游客人次、旅游外汇收入约占全省的90%。从餐饮行业看，2017年成都餐饮收入794亿元，

① 第一财经·新一线城市研究所：《2017中国城市商业魅力排行榜》。

占全省餐饮收入的31.9%，占全国餐饮收入的2%。成都餐饮业在坚持本地特色的同时也注重兼顾国际化。据调查，依托城市综合体及购物中心，成都国外餐饮业连锁品牌占比为56.3%。从文体行业看，成都被誉为“中国文创第三城”“中国动漫游戏第四城”“中国电影第五城”，建立了五个各具特色的文化创意产业集聚区，各类音乐活动、文化节会的开展，有力提升了成都的城市影响力；以体育运动、健身休闲、竞赛表演和体育培训为主要带动力的体育产业也实现了快速发展。从会展行业看，成都已与全球十大展览公司开展了合作。2016年，成都举办并被国际会议协会（ICCA）认证的国际会议数量排名内地城市第三。在中国会展经济研究会发布的《2017中国最具竞争力会展城市》排行榜上，成都位居全国第四、中西部第一。从康养行业看，成都现有医疗美容机构159家，其中美容诊所47家、医疗美容门诊部59家、综合医院美容部门30家、美容医院17家，从业人员4200余人。全市民营医疗机构占全市医疗机构总数的64.5%，远高于全国平均水平。此外，成都在消费品制造方面也有一定优势。全球80%的iPad、50%的笔记本电脑芯片、20%的笔记本电脑都产自成都。同时，成都还是全球女鞋、服装、家具等产品的重要输出地，产品销往全国以及“一带一路”沿线国家和地区，“成都制造”正加快走向世界。

另一方面，消费业态呈现多层次、多样化发展。成都既有金沙遗址、武侯祠、锦里等传统文化消费，也有以数字动漫特色街、音乐文化特色街、酒吧特色街为代表的现代时尚消费；既有展现现代城市风貌的都市消费，也有以乡村旅游、特色民宿为代表的田园消费；既有国际一线大牌、奢侈品牌云集的高端消费，也有经济实用的大众消费；既有大型城市综合体、购物中心，又有方所、文轩书店等发展迅猛的主题体验式文化消费，还有蜀锦蜀绣、手工陶艺等代表传统文化技艺的消费。各类业态层次多样、内容丰富，较好满足了不同年龄、爱好、收入的消费者需求，成为成都建设国际消费中心城市的坚实基础。

（四）消费载体建设加快推进，相关基础设施不断完善

首先，多层次、多类型的消费载体建设加快推进。依托丰富的商业资源，成都商圈发展不断成熟，形成了以中央商业区等6个城市主力商圈、32条特色街（街区）、37个服务业集聚区为载体的多中心购物消费和商务活动密集区。以IFS、太古里、in99、环球中心等为代表的高品质购物中心，已成为展示成都高端商业的亮丽名片。2017年，成都购物中心发展指数仅次于北京、上海，在中西部地区一枝独秀[①]。以春熙路商圈、宽窄巷子等为代表的标志性商圈和特色街区，以大魔方、娇子音乐厅等为代表的演艺中心，以世纪城新国际会展中心、西部国际博览城等为代表的会展中心，以天府绿道为代表的公共休憩空间，都为消费者提供了类型丰富的消费场景。

其次，连通国内外的立体化交通网络基本形成。伴随"一带一路"建设的深入实施和自贸试验区建设的推进，成都以双流国际机场、天府国际机场、国际铁路港为核心的国际门户枢纽体系初步建立，正在从传统内陆城市变为国家向西向南发展的贸易枢纽，成为我国距欧洲最近的最大航空枢纽和重要铁路枢纽。2017年，成都双流国际机场的国际航线数量达到105条，是中西部地区唯一的年出入境流量突破500万人次的航空口岸，跻身世界机场排名前50强。同时，成都还以中欧班列（蓉欧快铁）为依托，形成了以中线为主、北线和南线为辅的三大国际铁路干线，构建了"一主多辅、多点直达"的国际铁路货运班列体系。

① 中国连锁经营协会：《2016中国城市购物中心发展指数报告》。

目前，成都直达“一带一路”沿线国家和地区 20 多个城市，蓉欧快铁开行数量突破千列，占全国的近 1/3。截至 2017 年，成都国际铁路港已集聚 2200 余家各类工业企业、40 多家国内外知名物流企业、13 家平行进口汽车企业以及 100 家商贸企业，初步成为以冷链、五金机电、家居建材等为主的西部最大商品集散地，以及我国向西开放的货物分拨集散中心和区域性消费资源集聚地。

（五）消费文化特色鲜明，消费品牌驰名全球

成都作为千年商都，拥有独特丰富、高度集成的消费文化，“生活城市”和“休闲之都”成为成都特有的文化标识和软实力。截至 2016 年，成都已连续多年蝉联国内最具幸福感城市榜首①。成都不仅拥有独特的巴蜀文化和客家文化，还有金沙遗址、杜甫草堂、武侯祠等历史文化价值很高的旅游文化；周边集聚青城山—都江堰、九寨沟、黄龙、大熊猫栖息地、峨眉山—乐山大佛、三星堆等世界自然文化遗产，受到国内外消费者的青睐。

同时，成都的大熊猫文化、川菜美食驰名国内外。一方面，大熊猫已成为国外民众最喜爱的中国元素，并通过音乐、出版、影视、舞台剧、文艺展览等多种方式走向国际。2015—2017 年连续在四个国家七个城市举办了“熊猫与世界——中国大熊猫保护文化艺术全球巡展”；与央视网合作设立“熊猫频道”（iPanda）并面向全球开播，全球活跃用户超过 1500 万人。另一方面，成都拥有我国最早的酿酒工厂、最早的茶文化中心、第一个菜系产业基地和第一个菜系博物馆。川菜已成为首个被联合国教科文组织（UNESCO）认可推广的中国菜系。作为川菜

① 新华社《瞭望东方周刊》、中国市长协会《中国城市发展报告》，2016 年。

的发源地和发展中心，成都是全球最重要的美食中心之一。2010 年，成都荣获联合国教科文组织授予的“美食之都”称号，成为亚洲首个世界“美食之都”。2017 年，国际慢食协会（Slow Food International）也授予成都亚洲首个“慢食之都”称号。成都还在美国旧金山、洛杉矶等城市建立了官方川菜海外推广中心，一些川菜企业开始走出国门。

（六）政府重视程度高，政策环境持续优化

首先，国家层面的支持为成都建设国际消费中心城市奠定了基础。2016 年，国家发改委、住建部批复支持成都建设国家中心城市，要求提升成都核心功能，打造具有国际影响力的现代化都市圈。同时，近年来成都还先后获批首批跨境电商综合试验区、服务贸易创新发展试点城市等。这些都为成都加快国内外消费资源集聚、增强自身辐射带动能力提供了有力政策支持。

其次，成都高度重视促进消费扩大和升级，建设国际消费中心城市已成为全市的共识。近年来，成都先后发布了《建设具有国际影响力购物天堂行动计划》《关于扩大生产消费和生活消费的意见》《关于加强市场监管创造良好市场环境促进消费的意见》《关于创新发展生活性服务业建设高品质和谐宜居生活城市的意见》等；并以自贸试验区建设、内贸流通体制改革发展综合试点为抓手，放宽外资准入限制，营造法治化营商环境，创新流通领域市场监管方式。成都商务委作为全市服务业发展的牵头负责部门，积极完善相关部门的联动机制，推动服务业深化改革和对外开放，这些都为成都国际消费中心城市建设提供了政策和制度保障。2018 年初，成都召开全市生活性服务业发展大会，提出到 2022 年建成高品质和谐宜居生活城市和具有国际影响力的消费中心，并对此进行了任务部署和安排，有利于凝聚全市共识，整合各方面的政

策资源，形成工作合力。

最后，成都积极探索体制和政策创新，对国际消费中心城市建设起到促进作用。例如，成都在全国率先设立新经济发展委员会，正全力推动数字经济、智能经济、绿色经济、创意经济、流量经济、共享经济的发展；在全国副省级城市中成立首个博览局，以此加快辐射全国、面向世界的会展之都建设。

三 成都建设国际消费中心城市的问题与差距

与世界知名的国际消费中心城市以及国内领先的消费中心城市[①]相比，成都消费集聚和引领能力、消费相关产业发展、消费资源挖掘、消费环境建设以及相关体制机制方面还存在一些短板和差距。

（一）消费的集聚和引领能力还需提升

第一，消费市场规模还需进一步扩大。2016 年，成都社会消费品零售总额只有北京、上海的52%左右，仅为广州的66%、重庆的79%，作为人口排名全国第四的特大城市，消费发展与国内领先的消费中心城市相比还有一定差距。从国际上看，2016 年成都在全球 140 个主要消费城市中的“跨境零售商吸引力指数”“跨境奢侈品零售商吸引力指数”的排名还不高，特别是与一些起步早、实力强的世界知名消费中心城市相比，成都还存在差距。

---

① 从国内来看，根据城市经济发展水平和消费市场发展情况，选取北京、上海、重庆以及广州、武汉、杭州、西安与成都进行比较。从国际来看，依据城市规模和区位特点，选取美国芝加哥、德国法兰克福、意大利米兰等地处内陆的国际消费中心城市与成都进行比较。

第二，对外来消费特别是国外消费的吸引力不够强。从外来消费规模看，以旅游为例，2017 年成都接待的入境游客数量、旅游外汇收入的增幅在全国副省级城市中名列前茅，但入境游客数量、旅游外汇收入仅排名第 5、7 位。从客源结构看，2017 年成都接待入境游客 301.3 万人次，相当于北京的 76.7%、上海的 34.5% 和广州的 33.5%；成都旅游外汇收入 13.1 亿美元，只有北京的 25.6%、广州的 20.7% 和上海的 19.2%（见图 3－8）。从消费水平看，成都接待的入境游客人均花费只有 345 美元，不同程度地低于国内的广州、杭州、西安、北京及上海，与米兰、法兰克福、芝加哥等国际消费中心城市的差距更为悬殊（见图 3－9）。同时，成都接待的国内游客人均基本消费①的占比高达 72.7%，人均非基本消费②只有 27.3%（见图 3－10）。

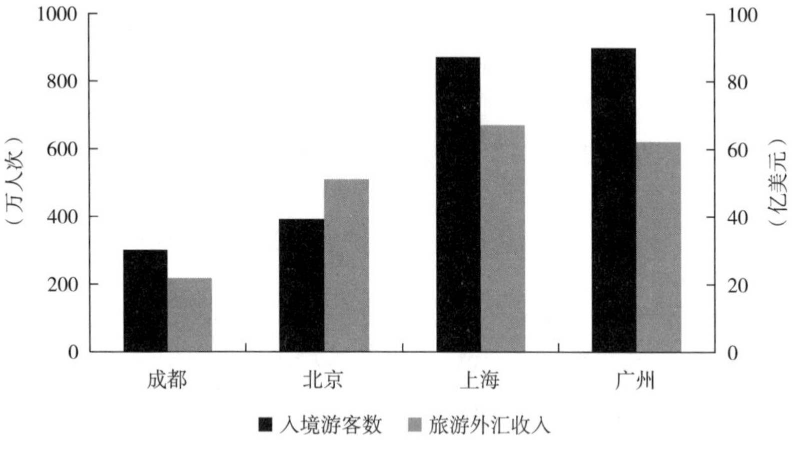

图 3－8　2017 年成都与北京、上海、广州入境游客数量及外汇收入的比较

资料来源：相关城市统计局。

① 主要是指交通、住宿、餐饮、景区游览的花费。
② 主要是指娱乐、购物、通讯及其他的花费。

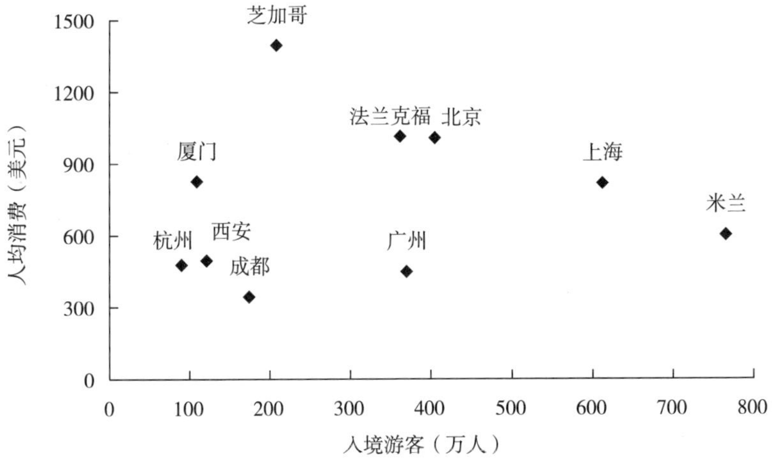

图 3-9　2016 年成都与国内外主要城市入境游客数量及人均消费额的比较

资料来源：MasterCard Global Destination Cities Index 2016。

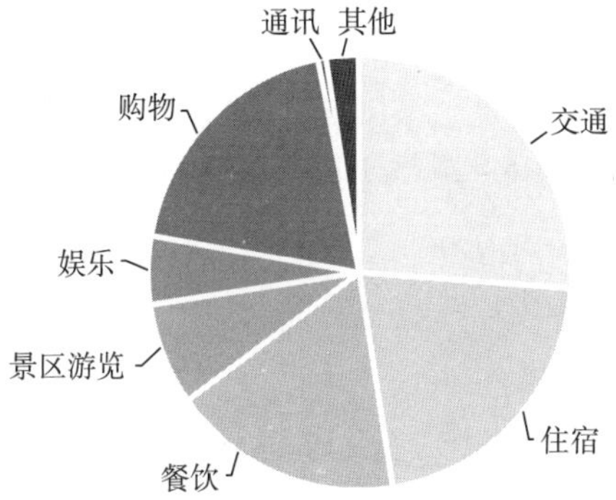

图 3-10　2016 年成都国内游客人均消费的构成

资料来源：成都市服务业研究院。

第三，引领新型消费发展的作用还不突出。当前，成都新兴的消费业态和消费模式大多从北京、上海等消费发展领先的城市引入，缺乏原创独特性，一定程度上影响了成都对外来消费的吸引和辐射。近年来，西部地区其他城市经济发展提速，也在积极吸引新型消费业态，与成都消费市场的竞争日益增多，也会在一定程度上削弱成都消费的引领作用。

第四，消费对成都经济发展的引领和带动作用有待提高。2016年，成都消费率为44.9%，低于重庆2.7个百分点，比全国水平低8.7个百分点，与北京、上海的差距更大，分别相差15.1个、12.5个百分点（见图3－11）。

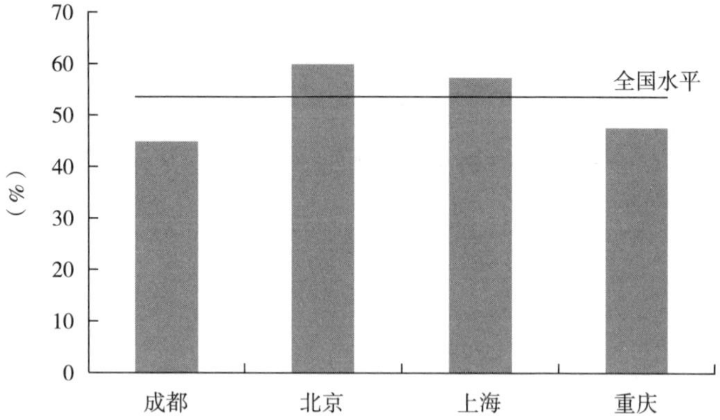

图3－11　2016年成都与北京、上海、重庆消费率的比较

资料来源：相关城市统计局。

（二）消费相关产业发展水平有待提高

国际消费中心城市的形成和发展，除了要有知名、多样化的国际品牌之外，本土品牌以及独具特色的消费服务业、消费品制造业更是其持续发展的有力支撑，也是吸引国内外消费的核心竞争力。目前来看，成都消费市场本土优质品牌较少，在质量、品牌、设计等方面还需要加快向产业链中高端升级。以成都独具特色的蜀锦蜀绣为例，目前还存在品类单一、品质不高、品牌知名度不够等问题，蜀锦蜀绣的时代创新性和国际影响力相对有限，“东方艺术明珠”有待于发挥更大的消费吸引力。

同时，成都服务业特别是消费服务业发展水平还需提高。从国内来看，2017 年成都服务业增加值占比为 53.2%，比北京低 27.4 个百分点，比上海低 15.8 个百分点，比西安也低 8.3 个百分点；与芝加哥、米兰等国际消费中心城市相比，成都服务业发展的差距也很明显。

另外，成都服务业企业实力不强的问题较为突出。以商贸零售行业为例，目前限额以上批发零售企业销售总额仅为上海的 10%、北京的 12%，也低于重庆、广州、杭州、武汉；限额以上连锁零售企业单店效率偏低，只相当于北京的 27.2% 和上海的 56.5%（见表 3－11）。相比于世界知名消费中心城市，成都还缺少综合实力强劲、能够服务全国及全球的总部企业和在国际市场上有较强影响力的本土跨国公司。

表 3－11　2014 年成都与北京、上海、重庆等城市商贸业发展的比较

	成都	北京	上海	重庆	广州	杭州	武汉	西安
限额以上批发零售企业销售总额（亿元）	7270.1	60065.5	71812.7	9643.2	31687.7	16505.3	10357.1	4585.8
限额以上连锁零售企业单店效率（万元/个）	931.8	3423	1647.8	950.9	2613	2039.8	2835.2	4132

资料来源：中国国际电子商务中心内贸信息中心。

（三）消费资源缺少深度挖掘

第一，特色资源的深度挖掘不够。特色是城市的个性，缺少了特色，城市就缺少了感召力。成都有着“乐享生活”的消费文化优势，以及丰富的世界自然文化遗产、名扬中外的成都美食、精美的蜀锦蜀绣等传统消费资源，但缺乏对传统资源的深度发掘和提炼，缺少与时代、时尚相结合的新特色。成都要打造国际消费中心城市，其特色既要有中国风，也要有国际范。以成都美食为例，虽有普及率和知名度，但标准化、连锁化和国际化水平不高，缺乏精准反映成都美食的表述和标志性品牌；在全国以及世界范围还没有形成知名企业，整体服务水平有待提升。与同为“美食之都”的芝加哥相比，芝加哥拥有美国最大的餐饮企业（麦当劳）和最大的食品加工企业（卡夫），而成都还缺乏世界知名的餐饮企业和品牌。

第二，商圈资源的深度挖掘不够。拥有全球影响力和美誉度的标志性商圈，是国际消费中心城市的主要标志。2016 年，全国销售额前十位的商业综合体中，成都无一上榜，西部地区仅有西安赛格广场入选。成都除了春熙路商圈、宽窄巷子以外，其他商圈以服务本市居民为主，国内知名度不高。而且，春熙路商圈发展能级有待提高，在国内外更大范围的辐射能力还没有充分发挥。与上海的南京路和淮海路、北京的王府井等国内著名商圈对比，成都商圈的发展还有一定差距；与国外的米兰金色广场、法兰克福歌德大街、芝加哥北密歇根大街等对比，成都的差距也很明显。此外，上海新天地、北京南锣鼓巷等一些独具特色、满足多样化消费的新型消费商圈已经形成，并显示出较强的消费创新和引领功能，在这些方面，成都也还需努力赶超。

第三，景观资源的深度挖掘不够。观赏度是一座城市的美颜，需要视觉和时空上的连续性，记载城市的演进历史和风土人情。法兰克福林立的哥特式建筑、芝加哥遍布的滨湖绿带，都展现了城市的独特之美。这些不但令人流连忘返，也是极具吸引力的消费载体。对比来看，成都的城市历史景观、自然景观、人工景观与消费场景的系统融合性还存在一定不足。

（四）消费环境的软硬件建设存在短板

一方面，消费相关的基础设施建设还需加强。一是立体化交通网络需要进一步完善。目前，成都直飞欧、美、澳等主要经济体的国际航线网络有待健全，航班起降架次不足上海、北京的45%，约为广州的66%，如果与世界知名消费中心城市对比，成都的差距更大。二是商贸、旅游等消费领域的基础设施配套相对薄弱。在商贸方面，各主要商圈之间以及与交通枢纽、旅游景区之间的融合互动和衔接不足，停车场、交通站点、无线网络覆盖等配套设施有待完善。在旅游方面，旅游集散换乘、自驾游营地、公共厕所等基础设施数量不够、布点不全、功能不齐，造成在旅游旺季时常出现游客排长队如厕、无处停车等困扰，从而降低了满意度。从星级酒店数量来看，成都在中西部主要城市中排名第二，比同为西部城市的重庆少100家，其中成都三星级及以上酒店116家，也低于重庆的186家，酒店配套服务能力还需加强。三是成都现有基础设施的国际化水平还有待提升。如主要商圈、旅游景点、交通枢纽等重点区域的多语言标识需要全面覆盖。

另一方面，消费软环境建设有待提升。据调查，成都在健康、旅游、养老等领域存在从业人员专业水平不高等问题。2016年，成都在全国21个大中城市（15个副省级城市和部分省会城市）中职业教育经费支出排名相对靠后，人才队伍建设亟待加强。同时，在提升消费便利度的服务提供上，成都与北京、上海、广州等城市差距明显。以离境退税为例，2017年成都免税商店共有78家，大幅落后于北京和上海（见图3-12）。此外，旅游、餐饮、健康等领域虚假宣传、收费不合理、卫生条件不达标等现象时有发生，消费市场的监管和规范力度仍需进一步加强。

（五）相关体制机制尚不完善

一是政府管理体制尚不健全。一方面在商贸、旅游、文化、餐饮等

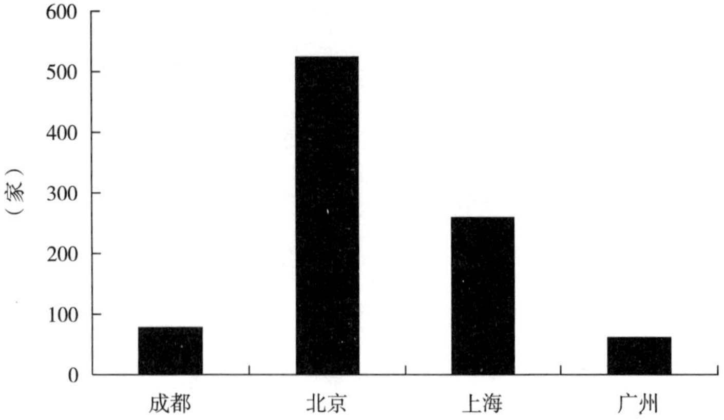

图3－12　2017年成都与北京、上海、广州离境免税店数量的比较

资料来源：成都市服务业研究院。

消费领域管理工作中涉及多个同级部门，各部门职能有所交叉，监管合力有待加强。另一方面，各职能部门之间缺乏有效的联动机制。以商圈发展为例，城管、公安、消防等部门在现行管理体制下，对商圈内经营主体户外广告、场外促销等存在管控过严和“一刀切”的情况，与商贸企业营造商业氛围的需求存在脱节。另外，目前成都现代信息技术在行业管理上的应用还相对有限。以旅游行业为例，由于缺乏旅游信息的发布预警，数字化管理水平不高，时常出现景区旺季爆满、淡季资源闲置以及管理成本高等问题。

二是相关行业标准有待完善。目前，成都旅游、文化、康养等行业发展中存在细分领域专门标准缺乏、现有标准可操作性不强、与消费升级需求不相适应等问题。同时，共享经济、人工智能等新型消费领域的标准规范制定还相对滞后，导致政府监管缺乏有效依据。

三是市场开放程度还有提升空间。以商贸行业为例，2016年成都限额以上零售贸易法人企业817家，其中港澳台商以及外商投资企业仅有67家，只占总数的8%（见图3－13）。在文化、体育、健康等服务领域，社会资本进入门槛相对较高，导致市场化竞争不足。

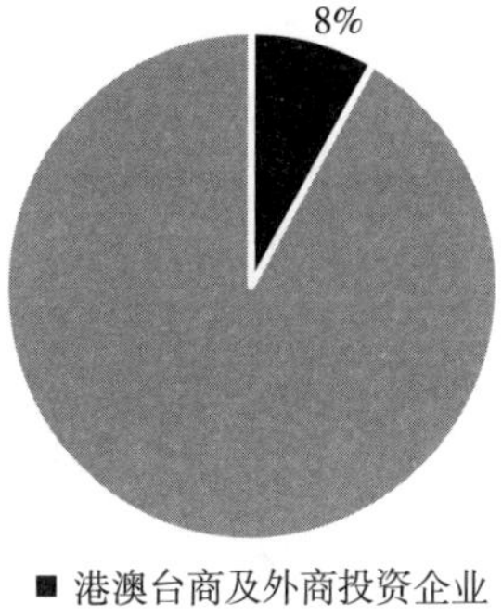

图 3－13　2016 年成都限额以上零售贸易法人企业的构成

资料来源：成都市服务业研究院。

四　成都建设国际消费中心城市的定位和目标

（一）总体定位

根据新时代更好满足人民美好生活需要的总体要求，以构建全面开放新格局和发挥消费促进高质量发展的基础性作用为导向，充分发挥成都消费市场的比较优势和有利条件，全力打造“品质生活、休闲体验、活力包容”消费名片，做大做强商贸、旅游、餐饮、文体、会展、康养六大优势产业，做精做优成都消费、成都服务、成都制造、成都文化四大特色品牌，全面提升成都对国内外消费的集聚、引领和创新能力，努力将成都建设成为我国西部地区国际化程度最高、消费环境最好的消费之都，辐射和引领“一带一路”沿线国家和地区的重要消费门户，特色彰显、世界知名的国际消费中心城市。

1. 成都建设国际消费中心城市要从特色化、专业化起步，将综合型作为发展方向

在成都国际消费中心城市建设的起步阶段，要突出“品质生活、休闲体验、活力包容”的鲜明特质，围绕商贸、旅游、餐饮、文体、会展、康养六大优势产业，着力增强国内外消费资源的集聚能力，探索促进新型消费发展的体制机制，提升消费领域各种创新的影响力和引领性。在此基础上，经过不断努力，有效扩大多层次、多样化的优质消费品和服务供给能力，增强消费内容、业态、模式、环境等方面的创新引领作用，打造世界范围重要的消费资源配置中心和新消费展示发布、体验应用中心，跻身具有一定影响的综合型国际消费中心城市行列。

2. 成都建设国际消费中心城市要优先加强对“一带一路”沿线国家和地区的集聚辐射能力

成都建设国际消费中心城市要在提升对国内消费集聚和引领能力、吸引境外购买力回流的同时，着力增强对国际消费资源和消费客流的集聚、引领和创新能力。在这方面，要充分发挥成都作为我国向西开放的货物分拨集散中心的优势，注重消费相关产业发展、消费资源挖掘和消费环境建设，巩固和扩大对“一带一路”沿线国家和地区消费的集聚和辐射能力，提升品牌集聚度、时尚引领度、消费创新度，以更多更好的商品和服务满足“一带一路”沿线国家和地区数亿消费者的多样化需求。

3. 六大优势产业发展要根据基础条件分类推进

商贸、旅游、餐饮、文体、会展、康养六大产业将是成都建设国际消费中心城市的主导和支柱产业。根据六大产业发展的基础条件和市场要求，需要有步骤、有重点地分类推进。目前来看，成都商贸、旅游、餐饮业的发展基础相对较好，产业规模大，国内外影响力强，对国际消费中心城市建设的支撑作用最为显著，为此要重点推动商贸、旅游、餐饮业发展，特别是加快这些行业发展的提质升级。文体、会展业则更多要发挥其集聚各类消费客流的重要作用，着力扩大产业发展规模和国际化水平，增强对商贸、旅游、餐饮业发展的支撑和带动。康养是重要的朝阳产业，未来具有很好的发展前景，但目前成都还要更多以补足短板、夯实基础为着力点，为国际消费中心城市的长远发展培育增长点。

4. **四大特色品牌要协同推进、联动发展**

做精做优四大特色品牌，既各有侧重又有机统一。“成都消费”重在满足和引领消费升级需求，“成都服务”重在提升城市核心功能和辐射带动能力，“成都制造”重在强化创新驱动和扩大中高端商品供给，“成都文化”重在提高城市文化软实力和影响力。要选择发展基础好、成长性优、带动性强的重点领域率先突破，促进四大特色品牌联动发展，在深度融合中放大品牌建设的协同效应。

（二）基本目标

按照上述总体定位，成都建设国际消费中心城市可以设定如下的分阶段目标。

未来3年，商贸、旅游、餐饮、文体、会展、康养六大优势产业更加壮大，产业供给能力和质量显著改善，成都消费、成都服务、成都制造、成都文化四大特色品牌更加深入人心，成都作为整个西部地区消费中心的地位和能级进一步提升，成都“品质生活、休闲体验、活力包容”的国际知名度明显提高，成为促进西部地区高质量发展的新引擎、推动西部地区全面开放的新支撑、引领西部乃至全国消费升级的新标杆。

未来3~5年，六大优势产业、四大特色品牌的国际化程度全面提升，形成一流的消费供给体系、优越的消费环境体系、先进的消费文化体系、完善的质量标准体系以及健全的政策法规体系，国内外消费实现向质量效益型转变，成都“品质生活、休闲体验、活力包容”的国际美誉度大幅提高，基本建成引领和集聚“一带一路”沿线国家和地区消费的重要门户、具有较高影响力的国际消费中心城市，成为高质量发展阶段我国促进城市转型升级、推动全面开放新格局的排头兵。

五 成都建设国际消费中心城市的政策建议

（一）优化和创新消费供给体系

紧紧把握成都“品质生活、休闲体验、活力包容”的消费文化特质，推动六大优势产业结合天府文化、成都元素的特色化发展，增强成都的辨识度和美誉度。

首先，进一步优化商品和服务供给，促进商贸、旅游、餐饮、文体、会展、康养六大产业深度融合和协同发展，增强对国内外消费的吸引力。促进实体零售改造升级、创新转型，发展夜间经济。深入推进旅游全域化和国际化发展，健全适应国内外旅客多层次需求的旅游产品和服务体系，打造具有国际影响力的旅游休闲中心。做优名菜、名店川菜餐饮品牌，汇聚世界各地风味美食和特色餐饮，凸显国际“美食之都”魅力。建立非政府国际文化交流平台，提升传媒影视、创意设计、现代音乐等产业发展水平，搭建体育产业服务平台，引进一批国内外有影响力的体育赛事。推进会展专业化、国际化、品牌化发展，完善高端商业配套服务链，打造国际会展目的地城市。吸引全球顶尖医疗资源，创新康养服务模式，推动大健康产业发展。

其次，大力探索多样化、创新型业态及商业模式，不断提升商品和服务的供给质量，吸引境外购买力回流。加快发展数字传媒、游戏动漫、在线教育等，推动人工智能示范应用以及共享经济、众筹定制等服务模式创新，探索绿色技术的普及应用，推动绿色消费，努力成为业态丰富、具有较强影响力和辐射力的国内外特色体验消费目的地。

最后，培育具有成都特色、体现中华文化的消费内容，吸引入境消费。以大熊猫繁育研究基地为载体，发展以熊猫文化为主题的影视传媒、教育培训和文化旅游的体验集聚区。创新发展大熊猫知识产权资源，提供熊猫主题文化、科研、旅游等服务。打造和输出一批现当代文学艺术、出版、影视、戏曲、动漫游戏、数字内容、创意设计等文化精品，支持艺术团体创作富有成都特色和国际元素的作品。大力发展工业创意设计和工业旅游，提升蜀锦蜀绣、手工陶艺等传统文化技艺，打造国货精品。引导老字号企业发掘利用成都特色文化元素，培育具有国际影响力的知名品牌。

（二）加快国际化、特色化、智慧化消费载体建设

第一，建设一批具有标识性的智慧商圈和特色街区。融合国际时尚与成都特色，注入文化、时尚、创意、休闲、绿色等新消费元素，促进六大优势产业集聚发展，打造具有国际影响的购物天堂。按照适度超前的原则，推进与巴黎、纽约、东京、香港、米兰、芝加哥等城市著名商圈的合作和联动。同时，结合各区域资源禀赋差异，充分挖掘天府文化底蕴，建设形成一批商旅文融合、功能配套设施齐全、各具特色的商业街区，引领中高端品质消费。

第二，加快适应新业态、新模式的大型特色消费载体建设。统筹推

进传统商贸业升级和新业态、新模式发展，加强新型消费设施的合理布局，为消费新业态、新模式发展提供或预留设施及土地，鼓励实现集中集聚集群发展。加快美术馆、博物馆、音乐厅等大型文化场馆和能够承接大型体育赛事、具备国际建设标准的体育场馆建设，推动特色景区打造和现有旅游景区提档升级。

第三，完善和提升消费支撑及配套设施。加快建设航空、高铁、城际铁路网络，促进与省内外、国内外城市以及全球知名消费中心城市之间的互联互通，提高各类交通设施之间换乘的便捷性和信息化、智慧化水平。完善市内主要消费区域的交通站点建设，加强重点商圈、景区、文化场馆之间的交通便利性。强化城市新区、产业园区餐饮、购物、医疗、教育等服务功能，补齐消费设施配套短板，增强配套设施的便利度和丰富度。以打造站点接驳、休闲和立体商业为重点，增加路网密度，构建安全、便捷、舒适、高品质的城市慢行交通系统。进一步完善信息设施及平台，增加大数据、虚拟现实和增强现实等现代技术在商业载体、旅游景点、文化体育场馆等消费区域的覆盖应用。健全金融基础设施服务体系，特别是满足电子支付、移动支付等新兴支付方式，全面提高支付与结算的便利性和安全性。

第四，加强贸易互通平台建设。充分利用国际铁路港和“双机场”的交通优势，构建一批贸易互通开放平台，支持企业建设出口产品海外仓，扩大成都特色消费品出口和国外优质商品进口规模。推进跨境电商综合试验区建设，允许本地企业采用“异地清关”模式在成都主要商圈、综合保税区、市（州）邮政核心网店等开设跨境电商线上线下体验店，推动跨境电商产业园区、保税展示交易平台和进口商品直营中心等外贸平台健康发展。

（三）推动与国际接轨的消费环境建设

一方面，建立与国际接轨的消费促进政策和体制机制。探索接轨国际的服务标准及消费者权益保护、知识产权保护、医疗保险等制度。建立综合性执法机构以及一体化、全链条的商品质量、食品安全、市场综合监管体系，打击制假售假、虚假宣传、商业欺诈等不正当竞争行为，探索以商务信用为核心的现代流通治理模式，构建涵盖跨境消费的消费者权益保护机制，引导形成诚实守信、服务至上、放心便捷的消费环境。加大消费品质量违法行为惩处强度，建立企业黑名单、惩罚性赔偿等制度，健全质量安全事故强制报告、缺陷产品强制召回、严重失信企业强制退出机制。

另一方面，建立良好的消费生态。着眼不同地域、年龄、收入群体的消费需求，增强各个消费环节、领域的融合互动，挖掘关联消费潜力，促进消费集聚和创新发展。规范公共场所的外语标识，建立多语种服务呼叫中心，在主要交通枢纽、大型商圈、旅游景区、酒店、文体场馆等区域，实施双语图文标识和多语种语音服务基本覆盖，全面提升国际化服务水平。建立健全商贸、旅游、医疗等领域的服务评价体系，规范服务流程，定期发布业内优质企业名录。建设专门以及日常的高素质志愿服务队伍或公益服务群体，为国内外消费者提供服务保障。

（四）探索有利于消费集聚和实现的政策措施

一是鼓励社会资本投资建设和运营文化、教育、医疗等消费领域特色产业，探索扩大与消费相关领域的政府和社会资本合作（PPP）模式的应用，开放经营权限，加快集聚集群发展。

二是推进质量、品牌、标准“三位一体”建设。支持企业瞄准先进标杆实施技术改造和流程再造，补足重点领域、关键环节的质量短板，推广优质服务管理制度，健全多方参与的监督机制。进一步完善品牌保护体系，鼓励金融机构向企业提供以品牌为基础的商标权、专利权等质押贷款。实施企业标准领跑者制度，引导企业在追求高标准中创造更多优质供给，创造一批引领生活时尚的成都品牌和标准。

三是探索培育消费金融公司、新型消费保险产品，降低消费者一次性支付压力，激发潜在消费需求。

四是建立健全消费领域对外交流合作机制。持续办好成都非物质文化遗产节、成都创意设计周、成都国际美食节等节会活动，全面提升活动的国际参与度和影响力。策划举办一批具有国际影响力和成都标识度的时尚展会、音乐节、体育赛事等重大活动，提升城市美誉度。

五是完善服务人才教育培养体系。完善商贸、旅游、文体等行业人才学历教育体系，大力发展继续教育和职业培训，引导职业院校、培训机构与行业、企业共建技能人才培养和技术研发平台。积极开展与国外大学的人才培养合作，造就一批高素质、复合型的“成都工匠”。在创业扶持、住房医疗、子女入学等方面向高素质服务人才倾斜，吸引国内外高端人才，构筑国际化人才高地。

（五）积极争取国家层面的支持

围绕体制机制、政策体系及发展载体建设等内容，积极争取四川省乃至国家有关部委的支持。

一是进一步扩大文化、体育、健康、养老等新兴服务消费领域市场准入。简化准入负面清单，复制北京市服务业扩大开放综合试点的相关政策经验。例如，对文化娱乐业集聚的特定区域，允许外商投资设立演出场所经营单位，不设投资比例的限制等。

二是在深入推进财税体制改革的框架下，探索推进优化消费税改革，调整消费环节的征税范围、征收环节、税率等。

三是完善离境退税政策，增加免税店数量和免税购物额，扩大免税品种，简化免税手续，建立免税店内即买即退的快速退税通道。

四是探索入境签证便利化措施，积极扩围 72 小时过境免签国家，进一步拓宽 72 小时过境免签的适用范围，探索在成都、重庆、西安等西部地区中心城市实施 144 小时过境免签政策。

五是探索报关、检验检疫等制度创新，进一步优化便捷高效的快速通关模式和一站式服务，改进检验检疫出口货物电子报检、进出口企业备案登记、检测申请等流程。扩大特定品类进口商品备案制管理覆盖范围，对国外权威的第三方检测报告予以互认，为优质商品进口以及国际买手店等新业态发展提供政策和制度保障。

“成都建设国际消费中心城市的政策研究”课题组

课题负责人：王　微

课题协调人：刘　涛

课题组成员：任兴洲　王　青　漆云兰　刘　涛　艾永梅　张　然

执　笔　人：王　微　刘　涛　王　青　漆云兰　艾永梅　张　然

参考文献

[1] CBRE Research. How global is the business of retail? [R]. 2016.

[2] Yuwa Hedrick-Wong, Desmond Choong. MasterCard Global Destination Cities Index 2016.

[3] 麦肯锡，等.2016 中国奢侈品网络消费白皮书 [R]. 2016.

[4] 财新传媒，等. 伊利中国消费升级指数 [R]. 2017.

[5] 国务院发展研究中心市场经济研究所课题组. 新时期我国建设国际消费中心的政策研究 [R]. 2017.

[6] 王微，王青，刘涛，等. 消费性服务业新阶段：发展实践与改革创新 [M]. 北京：中国发展出版社，2017.

[7] 荆林波，等. 中国商业发展报告（2016—2017）[M]. 北京：社会科学文献出版社，2016.

[8] 中国国际电子商务中心内贸信息中心，等. 中国城市流通竞争力报告（2015—2016）[M]. 北京：中国经济出版社，2016.

[9] 中国连锁经营协会，等.2016 中国城市购物中心发展指数报告 [R]. 2017.

[10] 四川省统计局，国家统计局四川调查总队.2017 年四川省国民经济和社会发展统计公报 [Z]. 2018.

[11] 成都市统计局，国家统计局成都调查队.2017 年成都市国民经济和社会发展统计公报 [Z]. 2018.

[12] 成都市政府. 关于加强市场监管创造良好市场环境促进消费的意见 [Z]. 2016.

[13] 成都市政府. 成都市服务业发展 2025 规划 [Z]. 2016.

[14] 成都市政府. 成都市服务业发展“十三五”规划 [Z]. 2017.

[15] 成都市政府办公厅. 关于扩大生产消费和生活消费的意见

[Z]. 2015.

[16] 成都市政府办公厅. 成都市健康服务业发展工作推进方案[Z]. 2016.

[17] 成都市商务委，成都市经济发展研究院. 2016成都市服务业发展报告[M]. 成都：四川科学技术出版社，2017.

[18] 成都市卫计委. 成都市医疗健康服务业发展情况[Z]. 2018.

[19] 成都市教育局. 打造“优教成都”品牌，服务高品质生活城市建设[Z]. 2018.

[20] 成都市旅游局. 成都市旅游消费市场发展情况报告[Z]. 2018.

[21] 成都市健康服务业领导小组办公室. 成都市健康服务业“十三五”规划[Z]. 2017.

[22] 成都市统计局. 2015—2017年成都消费品市场发展状况分析[Z]. 2018.

[23] 成都天府新区成都管委会总部经济局，成都市服务业研究院. 天府中心总部经济功能区产业规划（2017—2035年）[Z]. 2017.

[24] 成都天府新区成都管委会文创和会展局. 天府中心国际会展功能区产业规划（2017—2035年）[Z]. 2017.

[25] 成都美食之都促进会. 2016成都餐饮业调查报告[Z]. 2017.

[26] 成都红旗连锁股份有限公司. “加快发展生活性服务业，建设高品质和谐宜居生活城市”大会上的发言[Z]. 2018.

武汉建设国际消费中心城市的政策研究*

武汉是中外闻名的商贸之都和历史文化名城，是建设中的国家中心城市、长江中游城市群中心城市，也是长江经济带与“一带一路”在国内的主要交会地带，在国内外具有突出的枢纽地位和较强的消费集聚能力，对全球特别是“一带一路”沿线国家和地区起到消费辐射和带动作用，具备建设国际消费中心城市的良好基础和有利条件。武汉建设国际消费中心城市，要围绕塑造“活力枢纽、消费新城”的新名片，全力打造国际化消费的集聚高地、消费创新的策源高地、时尚消费潮流的引领高地、国内品牌国际化的发展高地，进一步巩固作为中部地区国际化程度最高、软硬件环境最好、消费引领创新能力最强的消费之都地位，构建辐射和引领“一带一路”沿线国家和地区具有突出影响力、辐射力的消费门户，建设国内一流、世界知名的国际消费中心城市，为推动遭受疫情冲击的湖北及武汉全面复苏振兴、带动中部地区高质量发展、加快长江经济带及“一带一路”高水平建设提供强大动力和坚实支撑。

* 该课题完成于 2020 年 4 月，研究得到了武汉市商务局的大力支持和资助。

一 武汉建设国际消费中心城市的重要意义

（一）服务国家战略、加快复兴大武汉的有力抓手

武汉处在我国地理中心位置，雄踞长江中游，素有“九省通衢”之称，在全国具有重要的枢纽地位，是建设中的国家中心城市、长江中游城市群中心城市，也是长江经济带与“一带一路”在国内的主要交会地带。加快复兴大武汉，是提高武汉城市地位、服务国家战略的必然要求，可以充分发挥其辐射中部、联通东西、承接南北、通江达海的枢纽作用，有效衔接东部沿海地区与中西部内陆地区，积极促进武汉都市圈与长江经济带的高效联通，更好地构建东西互济、南北互动的全新区域协调发展新格局。武汉建设国际消费中心城市，有利于武汉加快建设国家中心城市，在更高层次、更宽领域参与全球消费资源的整合和竞争，带动中部地区提升整体经济发展水平和竞争力，引领和促进结构升级、区域协调、城乡一体化的发展格局加快形成。

（二）推动经济高质量发展、加快形成支撑中部崛起新动能的关键之举

当前，我国已转向高质量发展阶段，需要完整、准确、全面贯彻新发展理念，走出一条依靠消费、投资和出口协调拉动，依靠强大国内市场的高质量发展道路。

武汉作为华中重镇要津，是中外闻名的商贸之都，经济总量和市场规模连续多年位居中部第一、全国前十。在产业、消费、金融、文化和

物流等方面，武汉都发挥着重要的中心和枢纽作用；对于服务支撑中部地区发展，在引领市场、保障供给、促进消费、畅通物流等方面，武汉也发挥着不可替代的作用。武汉建设国际消费中心城市，将更大限度地发挥和增强武汉的区位优势、市场优势和消费规模优势，集聚更多的中高端要素和消费资源，有利于武汉及湖北依托自身扎实的工业基础及富集的创新资源，加快培育壮大高质量发展的市场基础、产业基础和新动能，带动中部地区乃至更大区域产业和消费实现“双升级”，支撑中部地区加快高质量发展。

（三）把握新技术变革机遇、支撑内陆地区实现消费创新“弯道超车”的迫切需要

当前，全球正处于新一轮技术革命向纵深发展的重要时期。以信息通信技术、新能源技术、生物基因技术等为代表的技术创新及应用，正在深刻影响着全球产业、消费和治理格局。大数据、云计算、人工智能、区块链等新技术的深度应用，也推动着我国消费升级和消费创新的双重变革。在新技术应用和超大规模市场的双重优势下，我国在移动支付、共享经济、网络购物、新能源汽车、高铁等方面，已日益走向并跑、领跑位置。中部地区特别是武汉产业基础雄厚、人口众多、消费市场规模大，在扩大消费和引领消费方面潜力巨大。近年来，武汉依托高校、科研、人才密集等优势，在光电技术、生物制药、智能制造等领域脱颖而出，成为中部地区的科技创新中心和研发中心。

武汉建设国际消费中心城市，将进一步强化中部地区技术、产业和市场优势，激发新一轮消费创新，增强我国在新商品、新服务领域的创新能力，加快培育壮大新产业、新业态、新模式，为我国新型消费“弯道超车”、实现领跑提供坚实的市场基础和技术支撑，推动消费领

域涌现更多的中国制造、中国服务、中国技术和中国品牌，增强对全球消费扩张和升级的创新引领作用。

（四）提升我国对全球消费资源配置能力、抢占全球竞争制高点的必然选择

当前，全球正处在产业链、价值链、供应链发生深刻调整和变革的关键时期，也是我国提升全球资源配置能力、参与构建新规则新秩序、进一步抢占全球竞争制高点的关键窗口期。建设国际消费中心城市，也越来越成为各国参与全球消费市场竞争、集聚全球消费高端资源、吸引全球消费客流的重要载体，受到各国高度重视。加快建设立足湖北、辐射中部、面向全国的国家中心城市，武汉在肩负国家使命、引领区域发展、参与国际竞争上，在推动区域经济发展和开展国际经贸文化交流方面，都将发挥日益重要的门户作用。

武汉建设国际消费中心城市，有利于充分发挥其区位、市场、科技、产业、文化、物流等多方面综合优势，有利于促进内陆城市转变为开放前沿。支持武汉深度参与消费市场全球化和提升国际竞争能力，有利于更好利用全球商品、服务满足我国内陆地区乃至更大范围多样化、高品质的消费需求，成为“一带一路”沿线国家和地区乃至全球消费的实现地和目的地；也有利于打造武汉制造、中国制造的品牌和文化展示窗口，以及进入全球市场的通道，加快构建布局合理、各显其能、协同共进的国际消费中心城市体系，不断提升我国对全球消费资源的配置力和话语权。

（五）增强全国发展信心、促进武汉疫后经济复苏的重要举措

当前，全球疫情呈现多国暴发和快速蔓延态势，引发国际市场恐慌

和金融动荡，对全球消费和生产构成严重冲击，世界经济面临陷入深度衰退的风险。外部环境的恶化，对我国实现疫情防控和经济社会发展目标“双胜利”带来严峻挑战，更加凸显发挥超大规模市场优势、着力扩大内需特别是消费需求的重要性。因此，全面促进消费提质扩容，已成为事关“稳市场、保增长，稳就业、保民生”大局的重要工作，也成为有效应对全球疫情新一轮冲击影响、增强全国人民发展信心的关键举措。

武汉是这次疫情的重灾区，武汉为战胜疫情付出了巨大代价和牺牲，社会生产生活受到重创。但是，疫情也催生了消费新模式和新业态的快速发展，市场主体不断适应市场变化，转型升级意愿强烈。随着武汉进入疫情防控常态化阶段，正常生产生活秩序逐步恢复，刚性消费回补，出现补偿性消费。武汉建设国际消费中心城市，是尽快增强消费引领支撑作用、有效打通市场循环和产业循环、加快经济复苏的重要举措；也是体现“中央和国家机关各部委要继续加大对湖北的支持力度”，集成多方政策资源，“在湖北最艰难的时期搭把手、拉一把，帮助湖北早日全面步入正常轨道”的重要举措；还是提振疫后武汉乃至全国发展信心、树立良好国际形象、促进经济社会健康稳定发展的重要举措。

二　武汉建设国际消费中心城市的基础条件

（一）城市综合情况

1. 国际知名度

第一，武汉是具有一定国际竞争力的城市，对跨国公司吸引力较强。2019 年，武汉在涵盖全球 1006 个城市（大都市区）的经济竞争力排名中位居第 43 位，是中西部地区唯一进入全球前 50 强的城市；在城市可持续发展能力排名中，武汉位列第 95 位，是中西部地区唯一进入全球前 100 强的城市①。武汉还是外资企业落户中国、深耕中部市场的首选城市，其中世界 500 强中在武汉投资的企业突破 300 家，居中部地区首位。

第二，武汉具有享誉国内外的城市名片。武汉不仅是享有盛誉的商贸之都，也是具有一定国际知名度的赛事城市和会展城市。2019 年第七届世界军人运动会在武汉成功举办，展示了城市形象，促进了武汉的国际化发展。武汉依托“汉马”“赛马”“水马”等体育赛事，培育了一批国际化水平高、品牌声誉响的体育赛事项目，形成“五马奔腾”赛事品牌；武汉网球公开赛、国际航联世界飞行者大会、亚洲羽毛球锦标赛、国际名校赛艇邀请赛等重大品牌赛事的影响力不断增强。武汉还是会展名城，连续多年获评中国会展业“金海豚”奖和“中国会展最具办展幸福感城市”，吸引了世界邮展、世界大健康博览会、世界飞行者大会、联合国亚太贸易便利化论坛、中国国际友好城市大会等一批知名展会。2019 年，武汉共承办近 30 项具有国际影响力的展览、重大活动及国际性会议，数量居中部地区第一。

第三，武汉拥有厚重的历史文化和独特的亲水文化。武汉作为荆楚文化核心区，继承了荆楚文化不屈不挠、不胜不休的精神内核。武汉历史人文底蕴深厚，拥有黄鹤楼、晴川阁、古琴台等独具历史文化价值的建筑，以及汉绣、武汉杂技、汉剧、楚剧等文化艺术。武汉自然景观优美，长江及其最大支流汉江穿城而过，拥有首批国家重点风景名胜区东

① 中国社会科学院与联合国人居署：《全球城市竞争力报告 2019—2020：跨入城市的世界 300 年变局》。

湖和全国最大的城中湖汤逊湖。截至2019年，武汉拥有3家5A级、21家4A级旅游景区，常年吸引大批国内外游客。

2. 城市繁荣度

第一，武汉经济规模大，居民消费能力和消费意愿较强。2019年，武汉经济总量达到16223.2亿元，是中部地区唯一跻身全国前十位的城市，人均GDP为14.6万元。截至2019年，全市常住人口数量达到1121.2万人，为中部地区第一。2019年，武汉居民人均可支配收入、人均消费支出分别达到46010元和30863元，支出占收入的比例为67.1%，高于全国城镇居民0.8个百分点。

第二，武汉是国内外游客最主要的目的地之一。2019年，武汉接待国内游客3.2亿人次，国内旅游收入3421.5亿元，分别占到全国的5.3%和6%；接待入境游客312万人次，国际旅游收入21.6亿美元，分别占到全国的2.1%和1.6%。

3. 商业活跃度

第一，武汉具备层次丰富、类型完备的消费载体。依托丰富的消费资源，武汉商圈发展不断成熟，现已形成以6大市级核心商圈、20个区级商圈、28条特色商业街区、11条商业步行街为主要载体的现代商业网点体系，具有商业层次分明、市场繁荣繁华、商圈特色各异、业态业种丰富、配套便民利民等特征。具体来看，武汉着力打造了一批全国影响力大、知名度高的商贸综合体。武商摩尔城是华中地区最大的购物中心组合群，商圈销售额稳居全国前三、华中地区第一，是武汉对外交流开放、促进进出口贸易的重要窗口；武汉国际广场汇集了众多奢侈品牌，国际奢侈品销售额位列华中地区第一；武商广场是全国最具影响力的高端百货商场之一，拥有60多个国际顶尖化妆品品牌和亚洲最大的美妆中心，化妆品、女装和男装销售额居全国第一，兰蔻、雅诗兰黛等化妆品品牌连续五年蝉联全国专柜销售额冠军。同时，武汉通过重点引进香港恒隆、瑞典宜家、日本永旺、新加坡凯德等外资商业企业，打造了一批国际化消费新地标，并设立两家免税店。此外，以江汉路步行街、楚河汉街为代表的标志性街区，以黎黄陂路、昙华林为代表的特色街区，以琴台大剧院、琴台音乐厅为代表的演艺中心，以东湖绿道为代表的公共休憩空间，都为国内外消费者提供了类型丰富的消费场景。

第二，武汉消费规模大，成长性好。近年来，武汉社会消费品零售总额保持快速增长势头，2019 年达到 7774.5 亿元，位居全国第 7 位。电子商务蓬勃发展，2019 年电子商务交易额突破 1 万亿元，网络零售额达到 2524.5 亿元，占社会消费品零售总额的比重为 32.5%，继续保持中部地区领先地位。服务需求不断增长，带动服务业快速发展。2019 年，武汉实现服务业增加值 9855.3 亿元，同比增长 8.9%。“买全球、卖全球”格局加快形成，2019 年武汉进出口总值 2440.2 亿元，同比增长 13.7%，进出口、进口、出口增速均创历史新高。

第三，武汉消费品牌影响力持续提升。一方面，武汉拥有一批响亮的传统消费品牌，包括中国驰名商标 98 个、国家地理标志保护产品 40 个、中华老字号 13 家。另一方面，武汉高度重视新品牌建设，通过打造“长江灯光秀”“夜游长江”等活动品牌，全面展现了武汉绚丽多姿的夜景魅力，吸引了国内外消费者关注。再有，“樱花之城”“鸭脖经济”“小龙虾文化”等网红品牌也成为近年来武汉消费品牌建设的亮点。

4. 到达便利度

第一，航空和铁路运输网络通达全球，国内外消费者抵离武汉非常便利。在航空客运方面，截至 2019 年，武汉共有 200 条航线，其中国际及地区航线63条，通达纽约、伦敦、巴黎、东京等26个国家56个城市，国内航线137条，通达全国92个城市。2019年，武汉机场航班运输20.2万架次，同比增长8.2%，旅客吞吐量2715万人次，同比增长10.8%。其中，国际及地区旅客吞吐量310.6万人次，同比增长15%，连续七年居中部地区第一。在铁路客运方面，武汉是全国四大铁路枢纽、六大铁路客运中心之一，也是京广、沪汉蓉两条高速铁路大动脉的交会地，与全国25个省区市建成高铁直达、与20个省会及以上城市形成“半天生活圈”。截至2019年，武汉日均高铁到达370趟次，动车到达400趟次。

第二，武汉公路网络发达，市内公共交通出行便利。截至2019年，武汉总通车里程813.5公里，有8条国家级高速公路和12条省级高速公路在境内汇集，县县通高速率达到100%。同时，武汉已开通9条轨道交通运营线路，运营里程335.2公里，排名全国第五，设站228座，配车435列，日均客运量约336万人次。网约车也为消费者出行提供了很大便利，武汉已许可网约车平台公司29家、实际办证网约车数量2.5万辆、网约车驾驶员4.5万人。

5. 消费舒适度

第一，武汉大力营造诚信安全的消费环境，为“敢消费”提供了保障。近年来，武汉加快信用环境建设，2019年跻身全国商业信用环境排名前十位[①]，并入选全国第二批社会信用体系建设示范城市，成为获批的6个副省级城市之一。此外，武汉扎实推进社会治理创新，消费者安全感、社会治安满意度显著提升，已连续两次获得全国社会治安综合治理最高荣誉“长安杯”。

---

① 中国管理科学研究院诚信评价研究中心等：《2019中国城市商业信用环境指数排名》。

第二，消费者旅居武汉舒适度较高。一方面，武汉酒店住宿国际化水平较高、住宿类型丰富多样。近年来，武汉先后引进了洲际、希尔顿、万豪、四季、君悦等国际知名酒店品牌，豪华型、高档型、舒适型酒店数量增速位居全国前列。截至 2019 年，武汉三星及以上酒店 56 家，其中五星级酒店 15 家。同时，类型丰富、风格独特的民宿也加快发展，满足了不同消费层级的需求。另一方面，武汉城市生态环境良好，通过全面实施“精致园林”增绿提质三年行动计划，推进公园绿地建设、道路绿化提升、绿道成环成网，2019 年武汉绿化覆盖率达到 40%。

6. 政策引领度

第一，国家层面的支持为武汉建设国际消费中心城市提供了基础。2016 年，国家发改委批复支持武汉建设国家中心城市，要求全面提升辐射带动能力和国际竞争力。同时，近年来武汉先后获批成为全国供应链创新与应用试点城市、服务贸易创新发展试点城市等；相继获批国家市场采购贸易方式试点、跨境电商综合试验区、武汉新港空港综合保税区、武汉经开综合保税区等；成功获评国家首批旅游休闲示范城市。这些都为武汉加快国内外消费资源集聚、增强自身辐射带动能力提供了有力的政策支持。

第二，国内一流的营商环境为武汉高水平建设国际消费中心城市提供了保障。近年来，武汉高度重视营商环境优化工作，瞄准国际一流营商环境，聚焦解决市场主体创业和人民群众办事的痛点难点，强力推进“马上办、网上办、就近办、一次办”改革，加强监管和服务，突出制度创新，在开办企业、办理建筑许可、登记财产、获得信贷、获得电力、获得用水、获得用气等营商环境指标上跻身全国一流，部分指标与北京、上海等先进城市相当。2019 年，武汉营商环境指数位列全国第6名、中西部地区第1名，入选全国国际化营商环境建设标杆城市①。

第三，建设国际消费中心城市已成为武汉各级部门的共识。近年来，武汉注重不断完善促进消费的体制机制，先后发布《创建国际文化和旅游消费中心城市工作计划》《深化服务贸易创新发展试点实施方案》《全域旅游大发展三年行动计划（2018—2020）》《推进教育国际化三年行动计划（2018—2020年）》《推动品牌连锁便利店发展工作方案》《江汉路步行街改造提升试点工作方案》《优化大通关环境促进跨境贸易便利化实施方案》《城乡高效配送专项行动实施方案》《农村电子商务发展三年行动计划》等政策文件，并以自贸试验区建设为抓手，放宽外资准入限制，营造法治化营商环境，创新商贸领域市场监管方式，取得明显成效。另外，2019年，武汉市政府印发《全市加快新消费引领打造国际消费中心城市三年行动计划》，提出到2021年形成现代化商业集聚地、国际化消费目的地、便利化时尚宜居地，打响"武汉购"品牌。2020年，《武汉市"十四五"规划（征求意见稿）》中也明确提出"多层次提升消费供给品质，建设国际消费中心城市"。

（二）发展优势和特色

1. 地理区位优越，枢纽作用突出

武汉的地理区位与美国的芝加哥相似。芝加哥大都会是美国屈指可数、名副其实的国际商贸中心，其地处北美大陆的中心地带，是北美地区交通运输和经济贸易的战略门户，是美国内陆最大的物流集

① 中国民营经济国际合作商会等：《中国城市营商环境投资评估报告（2019）》。

群，美国目前约有 1/3 的货运量发自、运往或是途经该地区。优越的地理中心位置是奠定芝加哥国际消费中心城市地位的基础。武汉素有“九省通衢”之称，是全国国土空间的经济地理中心，使之成为全国铁路网和公路网高度汇聚的综合运输枢纽。武汉雄踞长江中游，具有通江达海的内陆港，成为沿海发达城市和中西部地区之间的重要联系纽带。以武汉为中心，500 公里范围可以辐射郑州、南京、长沙、合肥、南昌等东中部主要城市；1000 公里范围可以北上京津、南下港澳、东进上海、西入川渝，涵盖全国总人口、经济总量的 90%以上。

强大的物流枢纽能力是武汉配置全国消费资源、抢占国际消费市场制高点的实力保障。从芝加哥的发展经验看，发达的交通网络在其向国际消费中心城市转型中发挥了至关重要的作用，经济高效的物流体系帮助其在全球消费市场竞争中脱颖而出。与芝加哥相似，武汉依托完备的城市物流体系和显著的物流集群规模优势，支撑起强大的商贸流通市场，使之长期保持我国重要的区域经济中心地位。武汉枢纽作用突出，拥有中部地区最完善的“铁、水、公、空”一体化现代综合交通体系，是承载国家物流枢纽布局类型最多的城市之一（见表 3－12）。另外，武汉还拥有国内第一、亚洲最大的货运机场（鄂州在建），“武汉—鄂州”联合成为空港型国家物流枢纽布局承载城市主体。再有，武汉是中欧班列运输协调委员会发起的 7 个城市之一，中欧（武汉）国际班列目前已覆盖欧亚大陆 34 个国家、76 个城市，重箱率位居全国首位，是全国唯一回程货量高于去程货量的班列城市，线路数量在全国开通中欧班列的城市中位居前列。最后，长江中游航运中心建设取得突破性进展，阳逻港跻身世界内河港口第一方阵。

表3-12　国内主要城市承载国家物流枢纽情况和中欧班列累计开行数量

	陆港型	港口型	空港型	生产服务型	商贸服务型	陆上边境型	承载国家物流枢纽总数	中欧班列累计开行班次
中欧班列运输协调委员会发起城市								
武汉	√	√	√	√	√	—	5	1562
重庆	√	√	√	√	√	—	5	4500
成都	√	—	√	√	√	—	4	4600
郑州	√	—	√	√	√	—	4	2760
西安	√	—	√	√	√	—	4	2133
苏州	—	√	—	√	—	—	2	747
义乌	—	—	—	—	√	—	1	1124
其他主要城市								
北京	—	—	√	—	—	—	1	—
上海	—	√	√	√	√	—	4	—
广州	—	√	√	√	√	—	4	—
深圳	—	√	√	√	√	—	4	—
天津	—	√	√	√	√	—	4	—
长沙	√	—	√	√	√	—	4	—
太原	√	—	—	√	√	—	3	—
合肥	√	—	—	√	√	—	3	—
南昌	√	—	—	√	√	—	3	—

注：文件列出陆港型、港口型、空港型、生产服务型、商贸服务型、陆上边境型共6种国家物流枢纽承载城市。综合考虑数据可得性和运量，中欧班列累计开行班次数据仅统计7个主要城市，数据截至2019年底。

资料来源：国家发展改革委、交通运输部，《国家物流枢纽布局和建设规划》，2018年；中国国家铁路集团有限公司。

2. 城市国际化水平和市场开放程度较高

武汉是我国中部地区国际化水平最高的城市。首先，武汉是2019年世界排名104位、国内排名前10位的国际化城市，国际化水平领先于中部其他城市（见表3-13）。其次，武汉国际交往深入、互动频繁，国际友好城市和外国领事馆数量排名中部第一、全国前列（见表3－14），与全球28个城市结为国际友好城市，法国、美国、韩国、英国先后在武汉设立领事馆，20余个境外机构在武汉设立代表处。最后，武汉近年来承担多次国家主场外交活动，包括东湖“习莫会”、英国首相特雷莎·梅首次访华首站等。

表3－13　2016—2019年国内主要城市的全球城市指数排名

城市	国内排名（2019年）	国际排名				
		2016年	2017年	2018年	2019年	2019年相比于2016年的变化
北京	1	9	9	9	9	—
上海	2	20	19	19	19	↑1
广州	3	71	71	71	71	—
深圳	4	83	80	79	79	↑4
南京	5	78	77	84	85	↓7
天津	6	94	91	87	88	↑6
成都	7	96	87	89	89	↑7
杭州	8	115	116	117	91	↑24
苏州	9	109	112	115	95	↑14
武汉	10	107	100	102	104	↑3
重庆	11	113	115	114	105	↑8
大连	12	108	107	106	108	—
西安	13	114	114	113	109	↑5
青岛	14	110	109	110	110	—

资料来源：科尔尼，《2019年全球城市指数》报告（Global Cities Index）。

表 3-14　国内主要城市外国使领馆和国际友好城市的数量　　单位：个

地区		外国使领馆	国际友好城市
东部	北京	126	55
	上海	76	85*
	广州	66	38
	深圳	0	22
	天津	0	27*
	大连	0	10
	青岛	3	25*
	杭州	0	30
	南京	0	22
中部	武汉	5	28
	太原	0	12*
	合肥	0	12
	郑州	0	11
	长沙	1	20
	南昌	0	14*
西部	成都	17	36
	重庆	11	24
	西安	4	31

注：外国使领馆数据中，北京全部为大使馆，武汉、成都、重庆分别有 1 个、2 个和 1 个为待开馆；国际友好城市中，标注 * 为 2018 年数据，其他城市为 2019 年数据。

资料来源：相关城市统计局。

武汉对国内外市场的开放程度较高。首先，武汉对外开放历史悠久，是全国首批沿江对外开放城市之一，已累计设立外资企业超过 7000 家，2018 年常住人口中外籍人口超过 1.6 万人，在中部地区领先。其次，武汉开放平台载体丰富，是全国第二个拥有三个国家级综合保税区的副省级城市，还拥有三大国家级开发区、自贸试验片区、中法武汉生态示范城等一系列开放水平高、创新特色突出、资源集聚能力强的开放平台，为国际经济合作持续加深提供了有力支撑。再次，武汉口岸资源丰富，拥有武汉港水运口岸、天河机场航空口岸、武汉铁路中心站铁路口岸三个一类口岸，八类十个进口商品指定口岸（粮食、肉类、水果、整车等特种商品），形成水陆空并举、全方位开放的口岸格局。最后，武汉对周边城市消费市场的辐射带动作用较为显著。以武汉国际广场为例，贵宾会员中有一半是来自外地的消费者。

3. 消费市场成长潜力大，消费创新能力强

数量庞大、年轻活跃的消费群体是武汉消费市场持续成长的根本动力。

第一，人口规模不断增长为消费市场扩大提供了持续动力。武汉是全国 16 个常住人口在千万以上的城市之一，也是中部省会城市中常住人口规模最大的城市。武汉对外来人口吸引力强，特别是城市功能区和新城区常住人口增长较快，常年保持稳定的人口净流入（见图 3 - 14）。

第二，武汉人口年龄结构较轻，是一座“青年之城”，高校数量在全国排名前三，常年保有 120 万名在校大学生，数量在全球主要城市中排名第一，在校学生占常住人口的比重居全国城市前列。青年人群消费观念新、消费升级动能足，成为支撑武汉消费市场创新发展的重要力量。

第三，武汉消费创新能力较强。一方面，武汉消费市场有活力，为消费创新提供了广阔的市场空间和创新环境。武汉是全国排名第八的商业魅力城市。从“城市人活跃度”来看，武汉消费者对网购、外卖、海淘等新型消费模式接受度高，积极参与夜间经济、社交网络等场景消费，从历年“双十一”网络购物数据看，武汉均是中部地区唯一进入全国前十位的城市；从“生活方式多样性”来看，武汉消费者更注重运动、文艺、阅读、观展等享受型消费，乐于尝试凸显时尚个性的网红

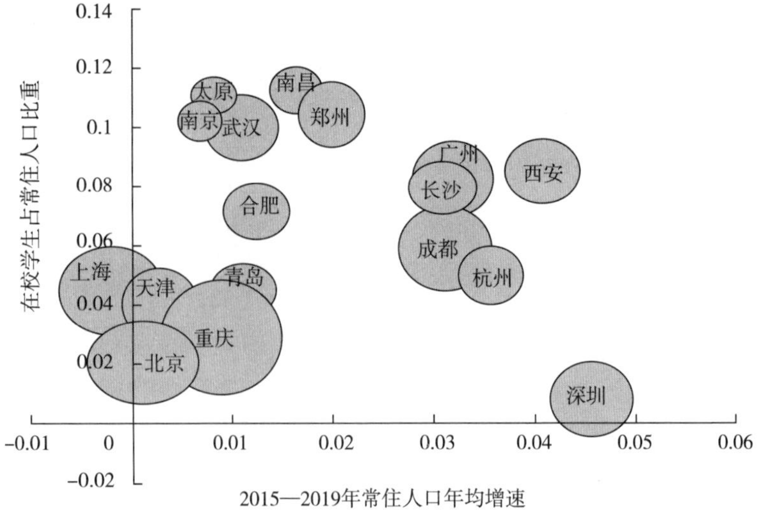

图 3－14　国内主要城市常住人口年均增速和在校学生占比

注：在校学生包括在校研究生和本、专科生。圆的大小代表常住人口规模。深圳为 2018 年数据，其他城市为 2019 年数据。

资料来源：相关城市统计局。

打卡消费和小众消费；从“未来可塑性”来看，武汉集聚了一大批年轻的新消费领域创业者和从业者，营造了良好的消费创新氛围（见表 3－15）。另一方面，武汉创意设计实力国际一流，能够较好地支撑本土消费品牌创新和发展。武汉是联合国教科文组织评选的 2017 年全球创意城市网络“设计之都”①，是全球获此命名的 9 个城市之一、我国获此命名的 4 个城市之一，拥有相对完备的创意设计产业链，在消费品牌设计、消费场景打造、消费模式创新等方面具有优势，能够为本土品

① 联合国教科文组织创意城市网络是联合国教科文组织 2004 年推出的项目，致力于发挥全球创意产业对经济社会发展的推动作用，促进世界各城市之间在创意产业发展、专业知识培训、知识共享和建立创意产品国际销售渠道等方面的交流合作。该网络涵盖七个创意领域：手工艺和民间艺术、媒体艺术、设计、电影、美食、文学、音乐。目前，全球加入该网络的城市有 246 个，分布在 84 个国家。其中，手工艺和民间艺术之都 49 个，音乐之都 47 个，设计之都 40 个，文学之都 39 个，美食之都 36 个，电影之都 18 个，媒体艺术之都 17 个。

牌走向全球市场提供重要支撑。

表 3-15　国内主要城市商业魅力和消费活力排名

城市	总排名	城市人活跃度排名	生活方式多样性排名	未来可塑性排名
北京	1	—	—	—
上海	2	—	—	—
广州	3	—	—	—
深圳	4	—	—	—
成都	5	2	1	2
杭州	6	1	4	1
重庆	7	3	2	3
武汉	8	6	3	5
西安	9	7	5	7
苏州	10	4	8	8
天津	11	8	6	4
南京	12	5	7	6
长沙	13	—	10	10
郑州	14	—	9	9
东莞	15	9	—	—

资料来源：第一财经《2019 城市商业魅力排行榜》。

4. 消费相关产业基础扎实，发展特色凸显

从国际消费中心城市发展路径看，芝加哥向国际消费中心城市转型阶段的经济基础和产业条件与武汉相似，门类齐全、配套完备的工业体系是芝加哥成功转型为服务经济引领的国际消费中心城市的重要基础。当前，武汉正在向制造业和服务业“双驱动”发展格局转变，已具备较为完善和独具特色的消费品制造业和消费服务业基础，加快向国际消费中心城市转型发展的态势凸显。

第一，武汉拥有相对完备的消费品制造业基础。武汉在汽车、服装

等消费品制造行业优势突出，拥有世界级汽车及零部件产业集群，紧贴国内汽车消费大市场；以服装产业为龙头的时尚产业在华中地区乃至全国呈现良好发展态势，汉派男装的产销量约占据全国男装市场半壁江山；工业设计中心国际影响力日益提升，高德红外、烽火通信、中旗生物、智能鸟无人机等企业屡获国际大奖，并引领带动工业博物馆等一批文化消费空间加快发展。

第二，武汉数字经济发展领先，为消费创新升级提供了有力支撑。武汉是首批5G正式商用城市，累计建设5G基站约1.3万个，5G建设规模稳居全国前列、中部第一，有效支撑和促进了车联网、自动驾驶、无人物流等消费场景数字化打造和相关信息产品消费扩大。2019年，武汉发出全球首张自动驾驶车辆商用牌照。同时，武汉位列全国数字城市公共服务数量前三，仅次于广州和深圳，位列城市数字消费力前十、中部第一①，为新消费、新服务、新业态发展提供了强大动力和支撑。

第三，传统优势产业特色鲜明。以餐饮为例，汉派美食秉承湖北菜系风格，"楚菜"品牌响亮，美食小吃享誉海内外，有"早尝户部巷，夜吃吉庆街"之美谈。餐饮业层次丰富、美食品牌多样，集国际餐饮品牌、全国餐饮品牌和市内餐饮品牌于一市。2019年，武汉餐饮业实现营业额725.6亿元，同比增长12%，高出全国2.6个百分点。

第四，大健康产业发展迅猛，健康服务需求强劲。武汉目前已形成了医疗保健、远程医疗、医美康复、养老等多样化健康产业，综合医院和专科医院实力均居全国前列，国家级重点高校和生物研究机构众多，每年培养相关人才超过五万名。

第五，教育资源丰富，文教产业创新热点频出。一方面，武汉文化

① 阿里巴巴：《2018年中国数字经济发展报告》。

底蕴深厚，教育资源丰富，知名高校林立，科研单位众多；职业教育、教育培训等消费内容多元发展，特别是受新冠肺炎疫情的影响，在线教育成为新亮点，为消费者提供了多样化选择。教育国际化水平加快提升，跻身2020年全球最佳留学城市120强，国内仅次于北京、上海和南京。武汉现有长江国际学校、武汉法国国际学校、武汉枫叶外籍人员子女学校和一批与国际接轨的优质中小学，为武汉外籍人员子女就学提供了便利。另一方面，新兴文化产业创新能力较强。例如，《冲破天际》是全国首个获奥斯卡最佳动画短片奖提名的动画作品；电子竞技产业链较为完备，成为北京、上海、广州之外电子竞技消费的热门城市；文化产品《知音号》是全球首部漂移式多维体验剧，全球公演以来接待外宾超过三万人，吸引外地游客人数占比超过60%。

第六，旅游资源丰富，具有鲜明的水文化特色。作为历史文化名城，武汉不仅拥有黄鹤楼等国内外知名的人文景观，也有丰富的自然景观、城市建筑遗产旅游资源等。特别是武汉市内江河纵横、湖港交织，水域面积占全市总面积的1/4，位列全国大中城市第一，人均水资源占有量约为全国人均水平的40倍、全球人均水平的10倍，为武汉依托江河湖港资源、发展独具水文化特色的旅游休闲消费提供了难得的发展空间。

三 武汉建设国际消费中心城市的思路和目标

（一）总体思路

以习近平新时代中国特色社会主义思想为指导，全面贯彻党的十九大和十九届二中、三中、四中全会精神以及习近平总书记考察湖北武汉的重要指示精神，坚持以人民为中心的发展思想，贯彻新发展理念，以供给侧结构性改革为主线，以全面扩大内需战略为导向，以改革开放创新为动力，以塑造“活力枢纽、消费新城”新名片为核心，以实现“四个高地”功能定位为目标，围绕“九新”推进消费新城建设，加快提升武汉对国内外消费的集聚、引领和创新能力，构建规模庞大、供求互动、创新活跃、软硬件环境完善的强大消费市场，将武汉建设成为立足中部、服务全国、辐射全球的国际消费中心城市，为推动遭受疫情冲击的湖北武汉全面复苏振兴、带动中部地区高质量发展、加快长江经济带及“一带一路”高水平建设提供强大动力和坚实支撑。

（二）总体目标和功能定位

总体目标：“活力枢纽、消费新城”

适应新时代国内消费升级和消费全球化发展的新趋势、新要求，充分发挥武汉地理区位、交通枢纽、消费规模、产业发展、科教人才等方面综合优势，以打造“四个高地”为重点，建设创新活跃、创意迸发、对国内外消费集聚、引领及创新具有关键节点和重要平台作用的“活力枢纽”，建设消费特色鲜明、基础设施完善、特色产业健全、城市形象彰显、体制机制优越的“消费新城”。

功能定位：“四个高地”

一是国际化消费的集聚高地。提高武汉高效对接国内外消费市场的互联互通能力，营造市场化、法治化、国际化市场环境，打造具有全球影响力的标志性商圈，集聚国际消费资源，增强“买全球、卖全球”的辐射力，把武汉建成国际知名消费品牌进入国内市场特别是中部大市场的首选地。

二是消费创新的策源高地。增强武汉在消费领域的制度创新、技术创新和模式创新能力，丰富拓展新技术应用场景，培育壮大疫情防控中催生的新型消费、升级消费，为全国促进消费升级和创新提供武汉范例，把武汉建成全球消费创新版图的重要板块。

三是时尚消费潮流的引领高地。挖掘武汉的时尚特质和文化底蕴，打响“设计之都”品牌，促进时尚与科技、传承与创新的深度融合，把武汉建成服务中部地区和全国、辐射全球特别是“一带一路”沿线国家和地区的时尚消费展示发布中心和体验中心。

四是国内品牌国际化的发展高地。重塑新时代“货到汉口活”优势，建立与国际消费市场紧密对接的推广渠道，大力发展彰显汉派文化魅力的消费品牌和特色商品，打造国内知名品牌、原创品牌的全国性或区域性的首店、旗舰店，成为向国内外全面展示中国制造和服务品牌的重要门户。

（三）建设目标

到2022年，武汉“活力枢纽、消费新城”的影响力大幅提升，国际知名度、城市繁荣度、商业活跃度、到达便利度、消费舒适度迈上新台阶，消费型经济特征更加明显，支撑武汉国际消费中心城市建设的商贸、旅游、健康等龙头产业以及设计、赛事、会展、餐饮、文化、信息等特色支撑产业发展壮大，产业供给能力和质量显著改善，全面建成中西部地区国际化程度最高、软硬件环境最好、消费创新引领能力最强的消费之都，基本建成辐射和引领“一带一路”沿线国家和地区具有突出影响力、辐射力的消费门户。再通过若干年的持续努力，最终将武汉建成具有强大综合实力和竞争力的国际消费中心城市。

四　武汉建设国际消费中心城市的主要任务

聚焦打造“活力枢纽、消费新城”城市名片和“四个高地”功能定位，以新体系描绘国际消费蓝图，以新地标拓展国际消费版图，以新经济激活国际消费空间，以新品牌引领国际消费潮流，以新平台汇聚国内外优质消费资源，以新形象量出国际消费中心城市舒适度，以新环境保障国内外消费者权益，以新机制提升城市消费全球竞争力。

（一）完善消费供给新体系

完善武汉消费相关产业体系和空间布局，促进消费品制造业和消费服务业协同发展，培育建设“九大国际消费新城”，优化布局“九大消费生态圈”，以消费新供给激发消费新需求，做大消费规模，做优消费质量。

第一，健全消费相关产业体系。适应消费全球化发展趋势，构建更加成熟的消费细分市场和产业体系。推动购物消费转型升级，丰富中高端消费品市场供给，推进大众消费品质化、品牌化发展，增强个性化、体验化消费。依托产业基础和特色，培育建设会展、美食、信息、创意时尚、教育、健康、体育、文化、旅游“九大国际消费新城”，推动服务消费提质扩容，形成若干发展势头好、带动力强的消费新增长点，增强对国内外消费者的吸引力。

第二，优化城市消费生态圈布局体系。依托各区的优势特色，打造九大消费生态区。江岸区以“历史之径”片区为基础，建设历史文化风貌消费生态区；江汉区以“百年商道”片区为基础，建设前沿时尚慢生活消费生态区；硚口区以“汉正老街”片区为基础，建设创意设计消费生态区；汉阳区以“汉阳古城”片区为基础，建设文创旅游消费生态区；武昌区以“武昌古城”片区为基础，建设大江大湖历史人文消费生态区；洪山区以“大学之城”片区为基础，建设校城互融创新消费生态区；青山区以“红房子”片区为基础，建设文创设计旅游消费生态区；东湖新技术开发区以“科技新城”片区为基础，发挥物联网、5G 通信、虚拟现实和增强现实等产业优势，建设互联科技场景式消费生态区；武汉经济技术开发区大力推进产城融合，建设产城融合便利消费生态区。

（二）打造国际商业新地标

打造国际地标性商圈、地标性步行街等，满足本地、本国消费者对国际化、高品质、时尚性的需求，广泛吸引和汇聚世界各地的消费者。

第一，打造国际地标性商圈。提升完善航空路、中南路、中山大道、光谷、王家湾、徐东六大市级商业中心功能，创新模式，错位发展。对照国际一流商圈标准，重点提升 1 ~ 2 个市级商业中心的建设水准。引进世界 500 强企业、国际知名酒店、国际顶级奢侈品牌旗舰店等高端业态。大力引进国内外知名商贸企业全球总部、区域总部、采购中心、结算中心、运营中心，以及品牌运作能力强、具有全球视野的商业运营商、品牌贸易商。强化商圈能级和辐射力，提供新品国际首发、精品国际推广等服务。打造一批国内外领先的旗舰型文化设施项目，规划建设国内顶尖的数字图书馆、博物馆街、建筑艺术博物馆群、美术馆集群，成为代表武汉的标志性区域。

第二，打造标志性步行街。推动江汉路、汉正街、光谷步行街、楚河汉街等提档升级、错位发展、做强特色、做响品牌。高标准规划和实施江汉路步行街改造提升，全面提升软硬件水平，创建国家级示范步行街，推进江汉路文保、优保建筑开发利用。支持汉正街转型升级，扎实打好“时尚牌”，做强“设计端”，开展武汉原创设计时装周、中国·汉正街服装服饰博览会、汉正街论坛等时尚活动，打造永不落幕的时尚活动品牌。依托汉正街服装设计集聚区、汉正街城市T台、汉正街大学生创业就业孵化基地等载体的打造，吸引一批国内外顶尖的独立设计师以及武汉大学毕业生就业创业。推动光谷步行街开展智慧街区系统升级改造，提升现有照明、停车场等系统智能化水平，营造时尚、前沿的体验式夜间消费场景，培育具有吸引力的赛事、演艺等夜间文娱项目。提升楚河汉街多层次的生活社交场景服务，突出现代与传统的和谐统一。支持标志性步行街与国外著名步行街建立友好关系，定期举办国际交流活动。

第三，打造特色商业街区。大力提升黄埔大街、菱角湖、钟家村、街道口等20个特色商业街区发展水平，完善相关配套，统筹规划商业设施建设，重点提高文化休闲行业、专卖店、特色餐饮的占比，增加购物节、嘉年华、公益性宣传、夜间消费等公共活动空间。引进一批高能级贸易主体，培育一批引领性和示范性商贸企业，着力打造时尚品牌分销中心、特色商业集聚中心。推动商业街区引进数字化智能管理系统，通过移动支付、信息共享等开创消费新模式，打造智慧化商圈。

（三）培育壮大消费新经济

发展壮大数字经济、江城夜经济、品质社区经济、特色小店经济、后街经济五大消费新经济，以新经济激发消费热情。

第一，培育数字经济。打造5G示范街区，发展超高清沉浸式影院、数字光影展等创新业态，促进线上线下深度融合、商品消费与服务消费联动发展。推动餐饮住宿、菜市场、快递等领域转变经营方式，大力开展智慧餐厅、智慧菜场、无人配送体系等业务。引进具有示范带动作用的直播机构，培育壮大网红直播经济亮点，创新“直播 +”模式，举办直播节。培育“短视频 +”行业，推动短视频 + 电商、微商、宣发、社交等的发展。发展“互联网 + 服务”，培育 5G 网络远程会诊、智能化教学平台、云签约、在线会议等。促进众创空间与城市空间融合共享，将众创空间嵌入和整合到街区、社区、厂区、办公区、商业区等城市功能中，建设一批低成本共享式新型孵化器、联合办公、共享员工空间。开放一定区域作为未来城市应用场景试验平台，支持 5G、无人驾驶等前沿技术先行先试。

第二，培育江城夜经济。加强夜间经济发展规划引导，丰富夜间经济产品供给，完善设施配套，加强公共服务保障，形成夜间经济集聚区，培育“游、购、食、娱、体”一体化的夜间消费大市场。以滨水夜景为核心，依托地标性建筑，融合历史文化景区商旅资源，打造“夜江城”。发挥商业街区消费集聚优势，引进夜间经济品牌和业态，营造时尚、前沿的体验式夜间消费场景，打造购物型夜间经济示范商业街区。依托特色餐饮街、美食街、品牌餐饮店等餐饮集中区，营销汉味夜宵美食，打造汉派消夜“打卡地”。丰富重点商业集聚区中西餐饮业态，打造特色鲜明的休闲娱乐酒吧集聚区，提供夜间多元文化交流场所。依托体育馆、博物馆、电影院、演艺场等载体，建设文化旅游消费型夜间经济示范街区。策划组织具有汉派特色的惠民戏曲、话剧、杂技等文艺演出，引进培育各类赛事、演唱会等夜间体育娱乐项目。

第三，培育品质社区经济。全面提升菜市场软硬件设施水平，分层级建设一批精品菜市场，推动实现智慧化服务、共享化体验、超市化管理，试点利用智能化设施向周边社区延伸服务半径、拓展服务内容。鼓励和引导传统大型商业企业到社区设立便民、利民网点。支持盒马鲜生、超级物种、苏宁小店等新零售、新业态发展社区垂直网点。引进和培育一批全国知名的连锁便利店品牌，大力发展24小时便利店业态。引导社区商业与电商、物流、金融、票务、旅游、邮政、电信等优势互补，采用手机应用程序、微信、微博等多种方式拓展增值服务。大力发展社区公共便民服务中心，优先发展生鲜市场、公共食堂、美容美发、干洗、修理、快递、健康、养老、医疗等服务，有针对性地发展老字号餐饮、幼教、健身、图书阅览、休闲娱乐等功能。支持社区与企业、高校、医院、志愿者、社工组织合作开展便民专项服务。

第四，培育特色小店经济。支持开设和改造提升传统特色小店，引导商业企业以加盟、特许、收购等多种形式挖掘、整合传统特色小店，传承培育一批彰显武汉历史文化的特色小店。支持老字号小店发展，鼓励中华老字号、湖北老字号企业新建或改造旗舰店和品牌店。培育独具特色的网红店等小微商业主体。引导小店入驻商圈、步行街和社区商业综合体等。鼓励特色小店创新商业模式和经营业态，最大限度地挖掘文化特色。

第五，发展后街经济。与主街经济形成优势互补，突出“一街一景一特色”，构建情感交流场所，承载城市历史和人文风情。重点打造以中山大道等城市主干道为轴线，以武广商圈、徐东商圈、中南商圈、光谷商圈等核心商圈为原点的轴辐式后街经济区域空间格局。

（四）塑造消费引领新品牌

实施消费品牌引领计划，集聚国内外高端品牌、提升传播武汉品牌、恢复振兴老字号品牌，引领消费发展潮流。

第一，打造国内外高端品牌首选地。打造中部地区最重要的商业高端品牌首选地、国内外新品首发地、原创品牌集聚地，把握国际时尚脉搏，引领潮流风向。招引全球首店、亚洲首店、中国首店、华中首店，创新商业模式和经营业态，开设全球旗舰店、体验店、概念店、定制店。支持商业综合体和商业街区运营机构赴境外开展商务推介活动，积极招引品牌首店和全球知名品牌。鼓励国内外知名品牌企业设立跨国公司地区总部或授权代理机构。吸引有国际影响力的高端知名品牌、原创自主品牌等，组织开展新品发布、时尚活动等。

第二，塑造汉派精品和武汉品牌。实施品牌提升行动计划，增品种、提品质、创品牌，培育打造一批面向全球的新名品、新名企，重新擦亮“武汉造”名片，打造汉派精品。开展国内外标准接轨工程，在重要消费品行业制定一批严于国家标准、行业标准的企业标准和团体标准，培育“标准领跑者”。引导企业注册商标、创建名标，推动本地企业品牌化发展。指导相关产业集聚区开展示范创建，鼓励品牌企业“走出去”，大力推动武汉商品向武汉品牌转变。推进市场主体商标质押融资，鼓励企业以商标专用权投资入股、质押融资，提高品牌价值。充分利用世界知识产权日、中国品牌日、专利周等重要节点，深入重点产业园区、品牌企业开展商标品牌宣传，营造商标品牌建设良好氛围。

第三，促进老字号品牌振兴发展。保护发展中华老字号和地方老字号，挖掘和培育一批文化特色浓、品牌信誉高、市场竞争力强的老字号品牌。打造具有规模效应和品牌集聚效应的老字号特色街区。鼓励老字号企业创新经营模式，发展连锁经营，开设旗舰店、加盟店、大师工作室等业态，增强老字号发展活力。鼓励社会资本参与老字号复兴，积极支持老字号企业进行资产重组，推动一批老字号企业通过控股、收购、兼并其他老字号等市场化运作，组建和发展老字号集团，培育若干个销售过亿的老字号品牌。

（五）打造对外合作新平台

打造交流合作、市场交易、互联共享三大平台，使武汉联通世界、联通区域、联通周边，集聚消费资源，做强消费支撑。

第一，打造国际交流合作平台。推进江汉路“一带一路”世界馆项目建设，吸引俄罗斯、法国、土耳其、中亚五国、非盟等“一带一路”沿线国家和地区参与，以俄罗斯作为长期驻馆国家，同时定期邀请其他“一带一路”沿线国家和地区布展入驻，逐步建成“一带一路”世界馆，多方位展现“一带一路”沿线国家和地区独特的经贸、文化、旅游、科技等。依托中法、中日、中美、中德、中印合作产业园区，积极开展国际交往，引进重大消费平台类项目。支持湖北中医药大学、武汉中医医院等开展国际交流合作，探索中医药服务特色发展。以全球服务外包大会、中国服务贸易创新发展武汉峰会为平台，搭建服务贸易国际交流合作平台。面向“一带一路”沿线国家和地区以及其他重点海外市场，探索建立海外贸易促进平台，策划开展系列贸易促进活动，支持企业开拓国际市场。大力推进涉外服务基础设施建设，打造多元包容的国际环境，争取更多领事机构、国际组织、国际商会协会等落户武汉。

第二，建设国际化市场交易平台。发展一批新型要素交易市场，依托产业优势，积极打造长江商品交易所、长江数据交易所，探索建立碳排放权、排污权、水权交易等特色交易所，扩大武汉城市矿产交易所、武汉农村综合产权交易所、武汉金融资产交易所、武汉畜产品交易所等平台的交易规模和辐射范围。积极培育大宗商品交易市场。实施“买全球、卖全球”工程，大力引进和培育一批跨境电商交易平台和服务企业，推动跨境流通升级发展。积极参与国际科技合作计划、大科学计划、国际标准制定等，打造常态化全球科技活动交易交流中心。促进汉口北国际商品交易中心市场采购贸易发展，打造中西部出口桥头堡。建立武汉价格指数平台，综合各类交易所和大型专业批发市场的价格信息，发布具有代表性和权威性的“武汉价格”体系。

第三，加强与周边城市互联共享平台建设。强化核心引领和辐射带动作用，当好中部地区城市消费的引擎。推进武汉城市圈一体化发展，打造天河—鄂州航空客货双枢纽，积极推进武汉城市圈航空港经济综合实验区建设。加强长江中游城市群协同发展，推进基础设施互联互通，建设城市群交通网。推动城市群内部人才、技术、资本等要素自由流动和优化配置，加快中部大市场建设。促进公共服务一体化，推动教育、医疗、社保等领域资源共享。拓展长江中游四省会城市合作领域，开通异地消费积分互认、多地联保、监管互认、购物旅游专线等，建设完善一批区域消费连通工程，增强区域消费吸附力。

（六）建设舒适城市新形象

以城为基、以人为本，提升美好生活舒适度，打造武汉国际消费中心城市的良好形象。

第一，完善城市公共服务设施体系。强化综合交通枢纽功能，积极推进天河机场跑道建设和航站楼改扩建。开工建设武汉西站，加快推进武西高铁武汉枢纽直通线，沿江高铁武汉至合肥段、武汉至宜昌段等项目。建成四环线全线、青山长江大桥，开工建设白沙洲公铁长江大桥。全面实施轨道交通第四期建设规划，开通地铁 8 号线二期，续建 5 号线。优化“快干支微”路网，完善慢行交通体系，加强非机动车道规划建设，保障非机动车路权。优化调整公交线网，打造微循环公交系统，完善公共出行体系。布局建设新型基础设施，促进信息基础设施与城市公共设施融合。开展城市智慧汽车基础设施和机制建设试点，新增停车泊位、充电桩。

第二，提升生态环境质量。积极创建国家生态园林城市、国际湿地城市，实施精致园林三年行动计划，构建“两轴两环六楔多廊”的绿色生态骨架，实施长江两岸造林绿化、三环线生态带公园群、府河绿楔等重点项目，建设一批城市公园、郊野公园、林荫道、绿道，建设森林公园、湿地公园、风景名胜区、自然保护区等自然保护地体系，加强林地、湿地、山体生态保护与修复，打造山水相融、蓝绿融城的滨水生态绿城。

第三，建设城市亮点片区。凸显特色、传承文脉，打造中心城区（开发区）亮点片区。打造沿江文化休闲带，推动两江四岸江滩提档升级，提升夜游长江、夜游汉江品质，盘活沿江核心区空间资源，优化布局观光旅游、美食购物、休闲娱乐、时尚创意等场所设施。打造环湖主题功能区，因“湖”制宜、分类推进，建设一批各具特色的环湖公园、环湖绿道，丰富文化、体育、创新等功能。挖掘武汉作为国家历史文化名城的底蕴，加强历史风貌街区和优秀历史建筑保护利用，推出一批“街头历史博物馆”。

第四，加强城市精细化管理。深化建筑立面整治，规范提升商圈户外广告和道路门面招牌，提升城市照明效果。开展道路反复开挖综合治理，持续推进道路修复提升，整治道路附属设施。加大背街小巷、铁路沿线、城乡接合部环境整治力度。加快垃圾处理设施建设，确保公共机构和相关企业生活垃圾强制分类全覆盖，促进再生资源回收和生活垃圾分类“两网融合”。持续推进“厕所革命”，完善提升城市管理作业标准，推行精致环卫。创建机动车停车秩序示范路，打造精致交通样板路。整合各类智慧城市信息化管理平台，推动城市运行“一网统管”。

（七）营造国际消费新环境

以消费者为先，推进消费领域信用体系建设，健全消费者权益保护机制，营造安全放心的消费环境。

第一，构建消费领域新型监管机制。建立信用承诺制度，将消费领域市场主体的信用承诺在“信用中国（湖北武汉）”网站向社会公开，承诺履约情况记入信用记录，并作为事中事后监管的重要依据。推进信用信息公开公示，依托“信用中国（湖北武汉）”网站、企业信用信息公示系统，公示信用承诺、行政许可、行政处罚、信用分级分类结果、信用红黑名单等。完善消费领域信用分级分类监管制度，根据信用等级高低对监管对象采取差异化监管措施，对严重违法失信行为的当事人实施联合惩戒。

第二，健全消费者权益保护机制。打造综合、高效、畅通的市场监管投诉平台，建立线上线下相结合的服务群众诉求新机制。实现消费场所多语种标识全覆盖，畅通国际游客投诉举报渠道。加强接收、分办、督办、回复、回访五个环节闭合管理，依法快捷办理相关诉求。充分发挥消费者权益保护工作联席会议作用，强化信息互通、各司其职、协同共治的维权工作机制。健全消费后评价制度，完善消费质量监督管理制度。探索建立集体诉讼制度，建立小额消费纠纷快速裁决机制，推动大型商超、品牌连锁、购物中心等具备条件的经营主体实行消费纠纷先行赔付制度。加强区块链等技术应用，建立健全重要产品追溯体系。

第三，优化国际公共服务环境。提升通关和签证便利化，落实外国人 144 小时过境免签政策，扩大过境免签的城市范围，优化境外旅客购物离境退税服务。推广国际标准、国际规则、国际标志，改进政府门户网站外文网页，提升外文报刊、电视、广播等涉外信息传播平台的国际化水平，增添城市“国际范”。深入实施外籍人员“家在武汉”工程，开通涉外信息微信公众号。以公职人员和窗口单位从业人员为重点，提升全体市民的文明程度和国际化意识。

（八）探索消费促进新机制

探索消费促进新机制，激发干事创业热情，推动和保障武汉国际消费中心城市建设。

第一，深化商事制度改革。深化“四办”改革，推进政务服务“一事联办”“多审合一”，推行“证照分离”、联合验收、告知承诺、“好差评”等制度。对大中型连锁零售企业在办理营业执照、食品经营许可证等方面实行“一证多址”审批备案制，优化审批程序，提高审批效率。建立大型商业设施建设听证制度。加大政务协同力度，加强电子证照共享应用，推动政务服务“一网通办”“全城通办”，降低制度性交易成本。

第二，创造“两店经济”发展宽松环境。创新首店落户和新品发布制度，制定奖励和优惠政策。提供新品通关和发布活动便利。优化新品展示发布活动涉及的城管、安全等审核流程，精简申请材料、缩短审批时限。对小店开设和改造涉及的规划、建设、质量检测、食品经营等行政审批事项进行会商，开通绿色通道，缩短办理时限。

第三，优化商品进口机制。支持进口跨境电商发展，鼓励大型商贸流通企业加大海外直接采购，增加高质量商品进口。支持商贸企业扩大绿色采购比例，增设绿色、节能产品专区，增加绿色、智能、健康商品市场供给。加快推进自贸试验区建设，支持设立天河国际机场免税店，建设免税商业街区，吸引境外消费回流。依托口岸资源，建设口岸商业区，形成全国重要的进口消费品集散中心、配送中心和交易中心。

五 武汉建设国际消费中心城市的重点工程

依托武汉的产业基础优势和特色，制定“九大国际消费新城”培育工程，发展壮大特色产业，提升武汉国际消费影响力和竞争力。

（一）国际会展消费新城

积极举办国际性展会活动，举全市之力策划“万国商会”全球论坛。办好世界大健康博览会、全球供应商大会、国际性学术论坛等重点活动，积极配合引进世界航线发展大会以及承办2021年国际湿地公约缔约方大会等国际知名活动，引进全国医院建设大会、中国奶业大会等国内知名展会。重点支持中国国际机电产品博览会、武汉国际光电子博览会、中国（国际）商业航天高峰论坛、武汉设计日暨武汉设计双年展等品牌展会提档升级和做大做强。加快会展业与云计算、大数据融合发展，探索线上线下相结合的会展模式，培育新的数字展会形态。完善武汉国际博览中心功能配套，建设武汉空港国际商务会展新城。支持骨干企业通过收购、兼并、控股等方式组建会展龙头企业。大力引进国内外知名会展企业，支持本地企业与国际知名展览机构建立合作关系，提升会展品质和拓展市场空间。

（二）国际美食消费新城

着力推进“楚菜”创新发展工程，加强美食餐饮名街布局，培育名企、名店、名师等，打造一批地方特色餐饮品牌，定期开展“楚菜”海外推介，提升品牌国际影响力。加强集聚国内外各类优质餐饮服务资源，引导各类商圈和街区汇聚海内外风味美食，引进和培育一批米其林星级西餐厅、全球特色咖啡店。提高餐饮服务标准，推进餐饮服务“明厨亮灶”行动，加强食品安全监测和管理，培育一批标准化生产、规范化服务、数字化管理的现代餐饮企业，树立餐饮服务质量新标杆。着力推进“互联网+餐饮”融合发展，提升餐饮企业信息化管理水平，实现在线点餐、客户管理、数据管理、供应链管理、精准营销等一体式运营，发展壮大一批“互联网+餐饮”示范企业。

（三）国际信息消费新城

加快5G网络、数据中心等新型基础设施建设进度，广泛普及信息终端，鼓励信息与商贸、教育、医疗、养老、文化旅游等产业深度融合，形成消费新生态。推广5G+虚拟购物、虚拟现实和增强现实、赛事直播、游戏娱乐等应用，促进新型信息消费。鼓励实体商业运用互联网、物联网、大数据、人工智能等新技术进行数字化改造，发展一批智能化、体验式零售网点。支持企业运用大数据开展精准服务和定制服务，灵活运用网络平台、移动终端、社交媒体与消费者互动，建立及时高效的消费需求反馈机制，做精做深体验消费。加强引进和培育新型零售主体，推广应用无人销售商店、自助提货柜、扫脸支付等新技术、新模式。加快移动互联网、地理位置服务、生物识别等现代信息技术在商业领域的应用，支持建设商业公共服务云平台。持续推进智能网联汽车建设，加快在中高端领域培育消费新增长点。加快发展光谷、南湖科技创意园等游戏产业集聚区，完善研发、运营、发行、直播、媒体、美术外包等游戏产业链，打造电子竞技新地标，提升武汉在全国游戏产业版图中的重要地位。开展5G智慧医疗系统建设，搭建5G智慧医疗示范网和医疗平台，加快5G在疫情预警、远程诊疗、智能影像辅助诊断等方面的应用推广。

（四）国际创意时尚消费新城

培育一批国内外知名的设计企业和设计品牌，形成一批具有自主知识产权的核心技术。重点发展芯片研发设计、微电子研发设计、汽车研发设计等专业设计服务，促进武汉工业设计向高端综合设计服务转变。发挥工程设计行业协会、产业联盟等社会组织作用，打造工程设计促进中心。促进数字动漫、游戏、影视传媒等创意产业融入文化特色，彰显荆楚文化，推动动漫、游戏衍生品市场发展，延伸产业链，擦亮“武汉设计”品牌。结合武汉旧城改造，在长江左岸打造武汉设计之都示范区，在昙华林、汉正街、租界区等建设一批创意街区、创意社区、创意设计小镇。吸引国际设计企业落户武汉，引进更多世界著名设计交流活动，积极参加联合国教科文组织创意城市网络的活动。吸引更多设计人才在武汉就业创业，打造设计人才高地。举办武汉设计日、创意设计大赛，鼓励国内外人士积极参与，逐步形成具有世界影响力的武汉设计赛事品牌。

（五）国际教育消费新城

打造“留学武汉”教育品牌，深化与美国、英国、德国、法国、澳大利亚、新西兰、瑞典、芬兰、日本、韩国、新加坡等国家的教育合作交流，吸引一批具有国际知名度的高校、教育科研机构、职业培训机构等集聚武汉。推进多层次的中医药国际教育交流合作，吸引更多留学生接受学历教育、继续教育、短期培训和临床实习，稳步提升留学生质量，完善留学生学习生活配套服务体系。面向全球选聘优秀外籍教师，增强武汉对外籍高端人才落户和外资企业投资的吸引力，支持开展面向外籍人员的高端家政、旅游管理等职业培训。

（六）国际健康消费新城

发展中医药消费，鼓励中药企业向健康养生、保健、康复方向延伸融合发展，促进中药大健康产业链的形成。积极与“一带一路”沿线国家和地区医院建立友好合作关系，支持有条件的中医药企业、医疗机构、科研院所和高等院校“走出去”。推动可穿戴智能医疗设备、可携带多功能监测仪、掌上超声设备、即时检验产品、康复矫正设施、远程监测和诊疗设备的消费发展。加快医学健康大数据、云计算、移动医学检诊系统的研究应用，建设医疗健康云服务平台，开展远程医疗、健康咨询、健康管理服务。支持发展个性化的家庭医生、健康体检、健康干预、慢病管理、心理健康咨询以及全面健康管理等服务。促进健康保险和健康管理有机结合，培育以健康风险管理为核心的健康管理新型组织。加强健康管理师、营养师、心理咨询师等专业人才培养。积极引进国内外知名专业健康管理机构和品牌，鼓励公立医院与社会资本合作开展健康管理服务。促进社会力量踊跃提供多层次多样化医疗卫生服务，支持开展国际化高端医疗中心建设。

（七）国际体育消费新城

以城市特色和资源禀赋为依托，引导足球、篮球、网球、马拉松、山地户外、汽车摩托车等运动产业合理布局。以体育竞赛表演业为引领，带动体育培训、健身休闲、场馆服务、体育装备用品制造销售等业态良好发展，促进体育消费持续升级。打造高水平武汉职业体育俱乐部。积极培育多层次、多样化的各类体育赛事活动，不断提升赛事品质和服务水平，构建国际知名、中国气派、武汉特色的高水平体育赛事体系，让武汉成为名副其实的“运动之城”。

（八）国际文化消费新城

依托两江交汇的自然地理优势和历史文化名城的人文优势，传承“汉派”文化精髓，夯实文化产业基础，培育文化消费业态。以武昌古城、汉口历史文化风貌街区、汉阳归元片区、月湖片区等为主体，建设“长江文明之心”特色产业集聚区。在长江一环段打造“长江文化轴”，重点打造一批文化消费项目。加强新型电影院线建设，壮大天河院线综合实力，加快影视文化精品消费。加快全息影像、裸眼 3D 等技术研发，培育文化演艺消费新业态。支持做强做优“知音号”“汉秀”“云中战歌”等演艺品牌，积极培育国家级演艺项目。加快推进武汉戏曲演出交流中心建设，打造武汉戏曲“大码头”；推动汉派戏曲精品“走出去”，支持优秀剧目海外巡演，提升汉派戏曲文化影响力。推动以数字化生产、网络化传播为特征的新媒体动漫产业发展，大力培育具有国内外影响力的优质动漫品牌。支持网络直播业发展，创新“直播 +”模式，开展线上文化节会活动。优化商业步行街业态，完善精品博物馆、展示馆、艺术馆、剧场等设施，使江汉路步行街成为展示“汉派”文化的窗口。

（九）国际旅游消费新城

做足“水”文章，以长江为核心景观轴，加快推进两江四岸设施建设，建设世界级滨水景观大道。做好“梦幻江城”灯光秀旅游项目提档升级工作，启动黄鹤楼夜游项目；增加文化旅游消费产品供给，支持打造一批夜间消费集聚区。优化提升东湖生态景观，挖掘东湖历史人文故事，建成国际知名的文化生态旅游风景名胜区。发挥滨江滨水资源优势，打造赏花、观鸟、游湖等各具特色的滨水旅游精品。统筹武汉人文、山水资源禀赋，深挖知音文化、木兰文化、首义文化等历史文化典故，策划一批城市特色的游览活动，打造形成水上旅游、生态旅游、历史人文旅游、革命教育旅游等精品。发展“武汉礼物”项目，支持开发内容多样和形式新颖的旅游商品，形成完善的旅游商品制造和营销链条。设置免税旅游区，构建融商业、旅游、文化、休闲为一体的时尚商业中心。丰富旅游网站、新媒体账号平台的宣传内容，加强互动。加快线下旅游推广中心设立，打造覆盖西欧、北美、东南亚、日本、韩国、俄罗斯等重点入境市场的营销网络。

六　武汉建设国际消费中心城市的保障措施

（一）加强组织领导

进一步深化对建设国际消费中心城市重大意义的认识，发挥党总揽全局、协调各方的领导核心作用，凝聚各方面智慧和力量，调动各方面积极性，加强统筹协调，将武汉建设国际消费中心城市工作上升为武汉未来城市发展的战略重点和政策支持的优先方向。成立全市国际消费中心城市培育建设工作领导小组，由市主要领导担任组长，研究建设工作中的重大问题，制定重要政策，部署年度任务，统筹协调跨部门事项。

（二）完善工作机制

建立部门联动协作、市区共同参与的工作机制。坚持总体谋划、分步实施、重点突破，构建市相关部门之间、市区之间分工合理、权责明晰、精简高效的工作推进机制。建立跨部门协调机制，加强各层级、跨部门统筹协调，逐项落实试点任务，确保工作实效。

建立全社会参与的共创机制。有效动员各类企业、社会组织、广大市民参与国际消费中心城市建设，积极发挥社区基层治理力量，形成人人参与、齐抓共建的良好氛围。集中高校、科研机构、外籍人员等各方智慧，积极引入省内外高水平专业咨询团队，形成强大工作合力。

建立国内外城市之间交流协作机制。发挥武汉的引领带动和辐射作用，以建设国际消费中心城市为契机，形成长江中游城市群各城市之间消费资源整合和市场一体化发展的促进机制，建立与长三角、粤港澳大湾区多层次、更紧密的合作互访机制，形成畅通的干部交流与学习机制。推动武汉与全球国际消费中心城市之间加强政策交流、商贸合作，形成产业优势互补、企业合作共赢以及市场相互引流。

（三）加大政策保障力度

加强财税支持。统筹用好现有各类专项资金，集中力量支持一批传统零售企业改造升级、新零售新业态发展、夜间经济、消费服务业、步行街建设、商贸流通基础设施建设等国际消费中心城市重点项目建设，在具备条件的领域由补供方转为补需方。加强品牌引进和培育建设，积极引入国内外知名零售、百货、连锁等品牌，大力促进本土品牌创新和老字号振兴，尽快推进离境退税相关政策落地，为建设离境退税商业街区创造条件。对大型商业企业设立区域中心和开设旗舰店、专卖店、连锁门店等给予支持，对购置办公用房、开展人才培训、提升经营环境和服务质量等给予支持。

加强金融支持。设立国际消费中心城市建设发展基金，通过参股、并购、重组等市场方式，重点投资应用互联网、大数据、云计算、人工智能新技术的新零售项目。引导金融机构加大对国际消费中心城市建设重点工程、重点项目、重大活动的支持。支持符合条件的市场主体股份制改造，引导和促进消费领域创新型企业在国内外资本市场上市融资。鼓励社会资本投资老旧工业厂房、仓库改建文化和旅游创意产业园区项目。按规定落实好健康等消费服务业的税收优惠政策。在风险可控的前提下，推进消费信贷管理模式和产品创新。

落实用地等制度保障。将国际消费中心城市建设纳入国土空间规划，通过专项规划落实商业网点布局，引导商业设施建设。加强商业网点规划与城市空间规划的衔接，加大对大型连锁企业、电商企业配送中心等重要商业设施用地的支持，保障必要的商业用地规模。切实落实文化、旅游、体育、健康、养老、家政等领域用地政策，重点保障重大项目、服务消费示范工程的用地需求。

强化人才保障。实施国际消费中心城市建设引进人才的一揽子政策，加大人才引进力度。搭建多样化引才平台，推出创业扶持、创新资助、引智补贴、政府奖励、柔性引进、配套服务等政策。推动建立专家智库咨询机制，汇集一批经济学家、管理专家、文化艺术大师等高层次人才，针对国际消费中心城市建设的方向、短板弱项、创新举措等建言献策。

此外，持续推进“放管服”改革，坚决破除影响市场化、法治化、国际化营商环境的制度壁垒，不断优化审批备案程序、提升服务效率。探索错峰休假和弹性作息，试点实施一周4.5天弹性工作制。

（四）加强宣传推广

加强宣传统筹。积极争取中央媒体加大对国际消费中心城市建设的推介力度，将培育建设工作纳入武汉整体宣传计划，通过多种方式加大培育建设工作进展和成效的宣传，扩大影响力，形成公众广泛参与、社会高度重视的良好氛围。及时向新闻媒体通报重要信息，提供报道线索，加强协调联动，增强社会信心。在重大消费政策出台前后，通过组织新闻发布会、专家解读等方式，正确引导社会预期。培养积极向上的消费文化，倡导健康、理性、绿色的消费理念，提倡丰俭有度、雅俗兼容。

深入开展品牌推广。开展“武汉购”整体形象宣传推广，推动武汉商品向武汉品牌转变，增强国际消费中心城市名片的辨识度和美誉度。支持第三方国际机构在武汉发布消费领域相关报告，提高武汉在国内外的影响力。合理统筹资源，举办动员会、培训班、讲座等，引导广大市民参与国际消费中心城市建设，形成浓厚的创建氛围。

（五）强化监督落实

强化监督考核。将国际消费中心城市建设目标与城市经济社会发展五年规划特别是“十四五”规划结合起来，将工作任务纳入全市目标管理考核体系。明确责任分工，落实责任主体，创新评估方式，完善规划指标统计制度，加强对规划实施的跟踪分析和督促检查，将推进国际消费中心城市建设阶段性工作任务纳入各部门各单位绩效目标进行考评。

完善统计监测。研究建立涵盖商品消费与服务消费的较为全面的统计指标体系，探索服务消费的统计方法和标准，全面反映国际消费中心城市建设的进展成效。加强消费领域大数据应用，依托国家数据共享交换平台体系等基础设施资源，加快推动各部门、各区消费领域大数据应用并实现互联互通。

重视评估改进。邀请第三方专业机构定期对建设进展和工作成效进行评估，总结创新成果和政策经验，针对评估中发现的问题，及时研究改进。

（六）注重能力建设

加强智库合作。与国内权威研究机构合作建立国际消费中心城市建设调研基地，加强对武汉疫后消费市场恢复、商贸服务业发展、国际消费中心城市建设开展相关调研和政策研究，及时发现总结武汉工作经验、面临的困难或体制机制障碍，为省市政府制定相关规划、工作方案和政策措施提供决策参考，为国家制定政策及有关部门支持武汉发展提供咨询建议。

建设大数据平台。针对消费市场运行、相关产业发展和国内外消费中心城市建设进展，建立大数据平台，对接互联网、行业协会等数据平台，建立常态化分析研究机制，提升大数据应用能力，研究编制相关发展指数、年度消费发展报告等。

加强教育培训。重点加强政府部门干部和工作人员培训，提高政策水平，强化政策执行能力。

（七）积极争取政策支持

将武汉建设国际消费中心城市试点纳入国家支持湖北疫后重振一揽子支持政策范围，最大限度地释放消费潜能，增强武汉自身发展和创新活力。

一是复制沿海发达地区服务业扩大开放的政策经验，进一步扩大文化、体育、健康等领域的市场准入。完善外资准入前和准入后国民待遇相关规定，探索建立跨境服务贸易负面清单管理制度，增加满足消费升级的中高端商品和服务进口，吸引境外消费回流。

二是争取离境退税政策，扩大免税品种，增加免税购物额，简化免税手续，增加离境退税店、进境免税店、市内免税店，建立免税店内即买即退的快速退税通道。

三是进一步拓展对外开放功能平台，争取国家部委支持设立水运整车进口口岸、武汉铁路口岸，构建中欧班列国际产业集聚区。

四是放宽境外人员和商品流动限制，积极争取扩大境外旅客免签入境国别范围和停留时间，放宽境外人才在华执业限制，精简审批流程，促进国外消费资源和客流的有效集聚。

“武汉建设国际消费中心城市的政策研究”课题组

课题负责人：王　微

课题协调人：刘　涛　王　念

课题组成员：王　青　刘　涛　陈丽芬　王　念　陈锦然

执　笔　人：王　微　王　青　刘　涛　陈丽芬　王　念　陈锦然

参考文献

[1] Kearney Consulting. 2019 Global Cities Report [R]. 2019.

[2] 交通运输部，国家发改委. 国家物流枢纽布局和建设规划[Z]. 2019.

[3] 商务部，等. 商贸物流发展"十三五"规划 [Z]. 2017.

[4] 湖北日报，仲量联行. 2018 湖北地产发展白皮书：武汉城市竞争力 [R]. 2019.

[5] 仲量联行. 中国 12 强：全球格局下的中国城市 [R]. 2018.

[6] 刘青. 芝加哥的城市发展经验及对武汉的启示 [C]//第十届中国科技政策与管理学术年会论文集，2014.

[7] 赵健，孙先科，等. 国家中心城市建设报告（2018）：国家中心城市的使命与担当 [M]. 北京：社会科学文献出版社，2018.

[8] 广州日报数据和数字化研究院. 邮轮经济发展报告（2019）[R]. 2019.

[9] 腾讯研究院. 数字中国指数报告 [R]. 2019.

[10] 上海交通大学中国发展研究院，东北财经大学经济与社会发展研究院，滴滴发展研究院. 迈向高效且宜居的城市：滴滴"城市发展指数"报告 [R]. 2019.

[11] 中国城市轨道交通协会. 城市轨道交通 2018 年度统计和分析报告 [R]. 2018.

[12] 中国国际贸易促进委员会. 中国展览经济发展报告 2019 [R]. 2019.

[13] 中国连锁经营协会. 2018—2019 年度中国购物中心发展力报告 [R]. 2019.

附录一

培育发展国际消费中心的思路与建议*

国际消费中心是全球化时代国际大都市重要的核心功能，是全球消费资源的集聚地和引领消费创新的制高点，对各国消费者具有强大吸引力。我国培育发展国际消费中心正当其时，有利于促进消费升级和新动能培育，为深化供给侧结构性改革和培育全球竞争新优势提供有力支撑。

一　培育发展国际消费中心意义重大

首先，培育国际消费中心有利于形成引领新常态的新动能。随着全球消费市场的发展，纽约、巴黎等发达国家中的国际大都市逐步成长为国际消费中心，成为全球领先的消费市场以及消费资源的配置中心和创新高地，为本国乃至全球消费扩张与升级注入了强劲动能。据统计，全球 140 个消费城市的人口仅为全球的 13%，而消费支出额、GDP 的占比高达 33% 和 36%。

其次，培育国际消费中心有利于形成深化供给侧结构性改革的新抓手。伴随科技革命向纵深推进，全球新技术、新产品、新服务大量涌

* 本文刊发于国务院发展研究中心《调查研究报告择要》第 19 号（总第 2730 号），2017 年 2 月，获得李克强总理等多位国务院领导批示。

现，推动国际消费中心成为展览展示、时尚发布和体验应用的中心，其所形成的全球消费导向，对全球高品质消费品制造业、消费服务业的加快发展起到很大推动作用，成为很多国家以消费升级引领产业升级的重要途径。

最后，培育国际消费中心有利于形成打造竞争新优势的新载体。国际消费中心是全球著名消费品牌、知名企业总部高度集聚的城市，也是一国对外集中展示和输出本国特色品牌、消费文化的门户。它所吸引集聚的国内外高收入、高素质消费群体和高端创新人才，有利于完善国际大都市的城市功能，对提升一国的全球化参与度和话语权也具有积极作用。

二 培育发展国际消费中心亟待推进供给侧结构性改革

总体上看，我国已具备建设国际消费中心的基础和条件。特别是上海、北京等跻身全球消费城市 50 强，拥有一批国内外知名品牌高度集聚的标志性商圈。上海、深圳等已开展国际消费中心方面的实践探索，对我国消费发展的创新引领作用开始显现。但与巴黎、纽约等国际消费中心相比，我国大型中心城市消费发展水平还存在明显差距。

一是消费吸引力有待加强。与消费升级的需求相比，我国目前改善型商品和服务的有效供给不足，部分中高端和新兴服务消费大量流失。2015 年，我国出境游人数达到 1.3 亿人次，境外消费额高达 2150 亿美元，人均境外消费超过 1654 美元；而同期我国入境游客人均消费额仅为 849 美元。

二是基础设施存在短板。与主要商圈发展相配套的综合性交通枢纽、公共交通体系、宽带通信网络、卫生及安全应急设施、停车场所等相对薄弱且缺乏科学规划，难以与各类商业设施发展形成对接和互动，直接影响消费集聚与创新。另外，在国际化语言环境、诚信体系建设以及便捷高效的消费纠纷处置机制等方面也存在较多短板。

三是对外开放水平尚需提高。在商品消费方面，中高端消费品进口在通关、监管、税收方面有待改进，不仅造成部分消费外流，而且弱化国内市场竞争，不利于相关产业转型升级。在服务消费方面，健康医疗、教育文化、休闲娱乐等行业对外开放水平不高，市场准入和投资限制依然存在。在吸引境外消费方面，存在旅游签证等便利化水平不高，免签国家扩围速度较慢，不同城市相关部门间的出入境和边检信息难以充分共享，免税退税政策试点范围小、扩围缓慢等问题，难以吸引更多国际游客进入国内消费。

四是促进消费升级和创新面临体制机制障碍。相关法律法规和标准不健全，特别是与新产品、新服务、新模式有关的法律和标准存在空白，一些现行法律法规和标准无法适应发展要求等。消费领域监管改革滞后，部分服务行业依然面临审批过多、相关限制条件过严等问题。例如，要求医疗美容机构临床科室必须设置 4 个二级科目，资质标准明显高于韩国等医疗美容发达国家。有些行业管理部门仍存在重审批、轻监管的问题，事中事后监管手段不足，部门之间监管缺乏协同，造成不少新的风险隐患和监管盲区。

三　培育发展国际消费中心的思路与政策建议

根据我国消费发展的新趋势和新要求，结合国际消费中心发展的一般经验，我国培育发展国际消费中心应采取“增供给、补短板、优环境、推改革、建示范”的思路，着力推进供给侧结构性改革，加快体制机制创新探索。

第一，增供给。积极扩大中高端消费品进口。鼓励跨境电商等新业态发展，丰富国内消费市场供给。加快发展新兴消费服务业。重点发展健康、美容、教育、培训、文化、体育、旅游等新兴服务行业，促进消费升级和产业调整。着力打造一批具有较强国内外影响力的新型商圈或现代商业街区。加快引入新业态、新品牌、新商业模式，营造多样化消费融合互动、共同发展的良好生态。

第二，补短板。完善城市商业发展与设施布局，加强高水平城市公共交通体系建设及相关市政、服务设施配套，提升城市信息化水平，特别是强化信息化在各类商业载体中的覆盖和应用。另外，推动综合性交通枢纽建设和城际间高铁、轨道交通发展，进一步增强我国大型中心城市与周边城市、其他国际消费中心城市之间的通达性。

第三，优环境。规范和完善市场秩序，加强商品质量、食品安全等监管，全面推进信用体系建设，保障国内外消费者的安全放心消费。加快改善国际化消费环境，提升大型中心城市重点消费服务行业从业人员的外语水平，规范公共场所的外语标识，建立多语种的服务呼叫中心，探索建立消费纠纷快速解决和紧急医疗救助等机制。

第四，推改革。一是进一步扩大健康养老、整容美容、文化创意、休闲娱乐等新兴服务消费领域的对内对外开放，探索国际通行的负面清单制度，简化资质条件和审批流程。二是完善中高端消费品进口通关、监管和税收政策，加快海南等地免税政策的复制推广，扩大国际游客退税试点范围并进一步简化退税程序。三是加强城市商圈改造和建设用地保障。积极探索利用城市更新、工业园区转型等土地资源，加快建设和发展新型消费载体。四是促进国际消费的便利化。积极扩围双边免签证国家，加快实现国内不同口岸和城市出入境信息共享；探索对游学、医疗、美容等特殊游客采取入境签证便利化措施；提高邮轮出入境旅客便利化水平，为境外游客入境旅游消费提供条件。

第五，建示范。选择 1 ~ 2 个国际化程度高、消费规模进入全球前列、消费创新引领能力强、有较好实践探索基础的大型中心城市，开展培育发展国际消费中心的创新试点，重点围绕体制机制创新、发展载体建设、促进相关制造业和服务业升级等方面先行先试，为在更大范围推动消费新动能的形成探索有效路径。

国务院发展研究中心市场经济研究所

“新时期我国建设国际消费中心的政策研究”课题组

课题负责人：王　微

课题组成员：任兴洲　王　青　漆云兰　李　布　刘　涛

执　笔　人：王　微　王　青　刘　涛

国际消费中心形成和发展的经验启示*

内容摘要：国际消费中心是全球化时代国际大都市重要的核心功能，是具有丰富消费内容、高端消费品牌、多样消费方式、优越消费环境，吸引全球消费者的高度繁荣的消费市场，是全球消费资源的配置中心和引领全球消费发展的创新高地。国际消费中心的形成与经济发展水平相关联，是消费全球化的推动者和受益者。国际消费中心发展日益多样化和层次分化，依赖于开放包容的环境和完善的制度政策。对我国来讲，建设国际消费中心正当其时，需要借鉴国际经验，打造具有全球影响力和美誉度的标志性商圈，营造多样化消费融合互动的良好生态，完善高效便捷的消费环境，促进公平竞争和消费者权益保护，实行有利于消费集聚和实现的税收政策。此外，在国家层面统筹下，选择适合的大型中心城市进行试点探索。

关键词：国际消费中心　内涵　形成条件　发展经验　启示

当前，我国经济发展进入新常态，消费结构不断升级，消费创新加快涌现，正成为经济转型和结构调整的新动能。为此，国家在“十三五”相关规划中提出一系列促进消费升级与创新的新要求，“培育发展国际消费中心”就是其中一项重要任务。准确理解国际消费中心的内

---

* 本文刊发于国务院发展研究中心《调查研究报告》第28号（总5103号），2017年3月2日。

涵和特征、形成条件与发展经验，对于我国推动国际消费中心建设具有重要意义。

一 国际消费中心的内涵和特征

国际消费中心是全球化持续发展、全球消费市场一体化的产物。美国学者爱德华·格莱泽（Edward Glaeser）等通过研究后工业化时代大都市的消费市场，最先提出“消费城市”（Consumer City）的概念。他们认为，城市要能提供丰富的商品和服务，拥有宜人的环境和富有美感的建筑，成为商品和服务的消费中心，大都市发展会越来越依赖作为消费中心的城市功能。20 世纪 90 年代以来，发达国家的一些国际大都市从消费城市发展中脱颖而出，迅速成为国际消费中心。国际消费中心是全球化时代国际大都市重要的核心功能，是具有丰富消费内容、高端消费品牌、多样消费方式、优越消费环境，能够吸引全球消费者的高度繁荣的消费市场，是全球消费资源的配置中心以及引领全球消费发展的创新高地。

作为消费城市发展的高级形态，国际消费中心具有以下主要特征。

一是全球消费市场的制高点，具有强大的消费实现功能。国际消费中心是一国最繁荣的消费市场，其规模和能级在全世界也名列前茅，拥有完善的消费服务业体系和具有全球影响力的标志性商圈，不仅可以满足本国消费者对国际化、高品质、时尚性的需求，还能够广泛吸引和汇聚世界各地的消费者，为其提供多样化、有特色、便捷性的选择。

二是全球消费资源的集聚地，具有高效的消费配置和带动功能。凭借国际大都市在全球城市网络中的枢纽地位，国际消费中心往往是全球著名消费品牌及其总部集聚的地区，也是一国对外集中展示和输出本国特色品牌、消费文化的门户。更重要的是，国际消费中心还是一国乃至全球范围消费资源的配置中心，能够对相关产业和投资起到导向作用，带动全球消费品供给增长和服务能力提升。

三是全球消费发展的风向标，具有突出的消费创新和引领功能。随着科技革命浪潮席卷全球，特别是移动互联网、大数据、虚拟现实等现代信息技术发展，全球正进入新一轮消费革命的新阶段，新产品、新服务、新时尚大量涌现，推动国际消费中心成为新消费的展示发布、体验应用的中心，不仅进一步提升了自身的发展能级，也为引领全球消费扩张和升级增添了动力。

二 国际消费中心的形成条件与发展趋势

从全球范围看，国际消费中心的形成与发展具有一些共性条件和趋势。

（一）国际消费中心的形成与经济发展水平密切关联

当一国经济发展进入工业化后期，全社会生产能力、技术水平大幅提高，商品和服务供给相对充裕，消费创新成为推动经济发展的主要动力。一方面，不断壮大的中等收入群体对商品品质、服务体验有了更高要求，带动全社会消费的持续升级，促进了中高端商品和服务供给的增长。另一方面，伴随城市化水平的提高和城市群的形成，消费资源日益向城市，特别是人口规模大、区位条件好、经济水平高、基础设施优的大型中心城市集聚，推动了这些城市消费市场的繁荣扩张，成为一国乃至全球领先的消费中心。据统计，全球140个主要消费城市仅拥有全世界13%的人口，但消费支出额、GDP占到了33%和36%（见图1）。其中，伦敦、巴黎、纽约、东京等发展水平更高的城市，具有更强的高端品牌吸引力，从而成为国际消费中心。

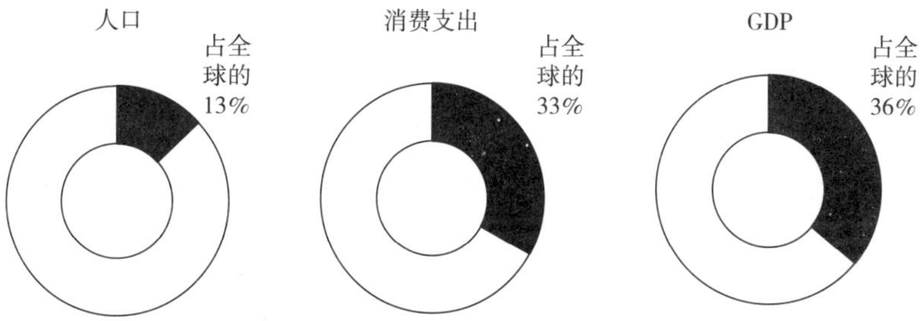

图1 全球140个主要消费城市人口、消费支出和GDP的比重

资料来源：根据Oxford Economics相关资料计算得到。

消费人群的涌入和消费市场的扩张，不仅提升了大型中心城市的发展能级，还促进了城市功能的丰富拓展，加快了这些城市向消费驱动、服务业主导的结构转变。另外，大型中心城市丰富多样的消费服务功能，特别是在文化娱乐生活方面所展现的“舒适场景”，还成为吸引高收入、高品位的国内外消费群体和高端创新人才的独特软实力。

（二）国际消费中心是消费全球化的推动者和受益者

随着生产和贸易全球化的深化，人们所需的各种商品和服务可从全球范围获得，直接影响着自身的偏好选择，希望在生活方式和日常消费方面符合流行趋势。加之发达的交通通信网络打破了时空阻隔，降低了消费成本，也加速了人员流动与信息传播，促进了消费观念的渗透融合，从而形成全球消费导向（Global Consumption Orientation）。

在消费全球化进程中，一些处于一国或区域领先的消费城市，凭借发达的消费市场、多样的消费服务业、通达的交通网络和良好的贸易环境，成为全球消费资源的主要汇聚地和带动全球消费发展的龙头，实现了从普通消费城市向具有强大向心力的国际消费中心的跃升。据统计，2015 年伦敦、巴黎入境游客超过 1500 万人次，人均消费 1000 美元左右，纽约、首尔入境游客达到 1000 万人次以上，人均消费超过 1400 美元（见图 2）。

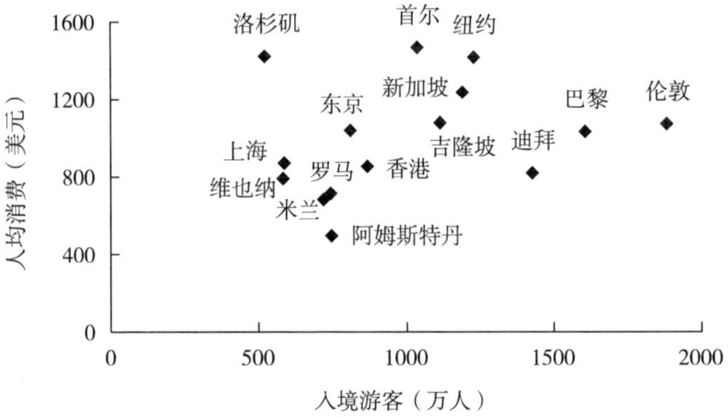

图 2　2015 年全球主要城市入境游客数量及人均消费额

资料来源：MasterCard Global Destination Cities Index 2015。

更重要的是，国际消费中心的形成和发展，不仅促进了全球消费市场一体化，而且推动了全球消费品制造业、消费服务业的结构调整。例如，巴黎与法国时尚产业的发展，伦敦与英国文化创意产业的发展等。可见，国际消费中心的发展已成为很多国家以消费升级引领产业升级的重要途径，对提高一国全球化参与度和话语权也具有积极意义。

（三）国际消费中心发展日益多样化和层次分化

由于地理区位、市场条件、文化传统和政策环境等差异，国际消费中心的发展各具特色。一是大型化、综合化发展。依托国际大都市完善的基础设施和服务体系，国际消费中心形成了多元化消费功能、国际化高端品牌、全球化企业总部高度集聚的城市功能区，与国际金融中心、贸易中心等一同成为城市的核心功能。这一模式主要是在发达国家，以纽约、巴黎、伦敦、东京等为代表。二是专业化、特色化发展。以某一领域的特色消费为引领，通过相关消费功能的完善和消费服务业的升级而形成国际消费中心。这一模式主要是在新兴工业化国家或具有较强区域影响力的国际大都市。例如，依托知名旅游目的地发展起来的迪拜、依托“韩流”文化和医疗美容等发展起来的首尔、依托影视发展起来的洛杉矶等。

在发展过程中，国际消费中心因规模、影响力不同，可分为全球性国际消费中心和区域性国际消费中心两类。前者对全球消费资源配置具有领导力；后者则主要依托区域市场和特色消费，在一定区域发挥集聚、配置和带动作用。

对于综合实力强的大国和一体化程度高的区域来讲，在发展中可能会出现若干个功能互补、层次不同的国际消费中心，从而形成国际消费中心的全球网络体系。例如，美国既有纽约这样的全球性国际消费中心，也有洛杉矶、芝加哥、迈阿密等区域性国际消费中心；欧洲既有巴黎、伦敦等全球性国际消费中心，也有巴塞罗那、米兰、阿姆斯特丹等区域性国际消费中心。它们都对促进全球消费扩张和升级、推动本国以及更广范围的经济发展起到重要作用。

（四）国际消费中心发展依赖于开放包容的环境与完善的制度政策

国际消费中心的形成和发展，一般都有稳定的政治环境、完善的市场经济制度和良好的社会治安，更重要的是，还要具备高水平的开放性、包容性和有利于消费发展的政策支持。在开放性方面，国际消费中心不仅需要高度开放的贸易投资环境、相对完备的国际商业规则和法律体系，还要满足国际签证便利、人员往来通达、货币兑换和支付便捷等要求。在包容性方面，国际消费中心要能够接纳多元文化和消费群体，没有民族、宗教、性别歧视，国际通用语言的普及应用水平高。在消费政策方面，国际消费中心要有高效的消费者权益保护、合理的税收激励等措施。

三　建设国际消费中心的国际经验

国际消费中心的形成发展，需要一系列有利于提升消费集聚、配置和创新能力的政策支持。

（一）打造具有全球影响力和美誉度的标志性商圈

彰显国际时尚与历史人文的核心商圈，是国际消费中心的主要标志，也是国际消费中心的发展龙头。为此，很多国家和相关城市政府都高度重视核心商圈的发展，通过在规划、基础设施完善、商业街区保护等方面给予支持，有效改善了核心商圈的发展环境。同时，通过开展国际时尚主题活动，进一步使商圈从单纯的购物场所变为体验、社交的中心，吸引了世界各地的消费人群。

以巴黎为例，围绕著名的香榭丽舍大街，形成了蒙田大道、奥斯曼大道、圣奥诺雷街多个著名商圈，包括十几条呈辐射状的特色商业街区。这里不仅集聚全球最著名的国际品牌和上千家不同业态的商铺，还汇聚了大量展览、演艺、娱乐活动，让人们能够近距离感受法国文化，领略全球消费时尚。

（二）营造多行业融合互动的消费生态

国际消费中心的发展不是以单一行业为支撑的，而是商业、旅游、文化、体育、会展等诸多行业联动发展的有机整体，从而实现消费的规模效应和整体优势。例如，东京在六本木新城发展中将商业与文化、旅游观光相结合，通过引入东京电影节、森美术馆等文化活动和设施，提升了六本木在文化艺术消费方面的品牌形象，并成为重要的旅游景点，年接待国内外游客3900万人次。

同时，国际消费中心的发展越来越注重线上线下互动，不断完善“互联网+”时代的消费生态体系。例如，美国的eBay于2013年研发了“可购物橱窗”并率先投放到纽约曼哈顿，它安装在建筑物外墙的展示橱窗上，消费者通过触摸屏浏览下单，并支持货到付款。它的应用打破了购物的线上线下界限，为一些新品牌在缺乏实体门店的情况下打开线下目标市场提供了新渠道。

（三）完善高效便捷的消费环境

首先，提升交通网络的通达性。国际消费中心普遍重视加强基础设施建设，密切与国内外城市的互联互通，完善以空港、海港为枢纽的网络化交通体系。同时，强化城市内交通设施与商业消费空间的结合。以东京为例，地上地下形成了四通八达的立体交通网络，无论何种方式都能实现便利出行。在主要商业街区，通过建设相互连通的地下廊道，人流可以便捷地穿梭于不同消费场所。另外，满足老年人以及特殊群体的公共设施也相对健全，且人性化程度高。

其次，利用现代信息技术提升消费便利性和智能体验。在伦敦、巴黎、东京等国际消费中心，免费无线网络几乎覆盖城市中心区，可随时定位显示位置、寻找目标商户、即时获取促销信息、实现车位引导和反向寻车等。

最后，加强宣传和信息服务。国际消费中心通过发放免费宣传资料、提供旅游咨询等，为国内外消费者提供相关服务。为适应大数据时代发展要求，纽约于2012年通过《开放数据法案》，这是美国历史上首次将政府数据大规模开放纳入法律，由此建立了一个基于城市社会运行数据的“生态系统”。其中，既有按邮政编码分区的历史统计数据，也有地铁、公交系统的实时数据，还包括停车泊位、旅游景点、餐饮卫生、住房租售等相关数据，促进了纽约国际消费中心的不断发展。

（四）促进公平竞争和消费者权益保护

一些发达国家制定了严格的法律制度，促进市场公平竞争，保障了国内外经营者的正当权益，也推动了国际消费中心的发展。一方面，加强对商标的保护。例如，美国的《兰哈姆法》规定，保护注册和未注册驰名商标免于未经授权的使用或注册，无论该驰名商标是否源自国内，均执行相关国际条约规定的驰名商标保护标准。美国联邦法律还通过禁止他人在相同、类似、关联甚至不相关联的商品或服务上注册或使用近似商标来保护在先商标，只要该注册或使用存在混淆可能性，驰名商标所有人就可向联邦法院提起侵权诉讼。另一方面，打击不正当竞争行为。日本的《不正当竞争防止法》规定，仿冒、淡化、依样模仿、窃取他人商业秘密、商业诋毁和虚假宣传，属于应当予以制止的不正当竞争行为。

另外，在保护消费者权益方面，国际消费中心也基本建立了相对完备的消费者权益保护体系以及配套的消费争议解决机制。专门的政府机构或非营利组织会不定期发布商品和服务质量的信息，并为消费者维权提供帮助。

（五）实行有利于消费集聚和实现的税收政策

目前，国际消费中心的所在国基本都开征了消费税，其目的主要不是筹集财政收入，而是引导特定消费行为。虽然2008年国际金融危机爆发后不少国家都有扩大消费税征收范围或提高税率的情况，但还都能与本国消费习惯和消费水平相适应，保护相关生产者的积极性，尽可能为企业生产经营及居民消费减轻税负。

国际消费中心大都建立了较为完善的免税购物和离境退税制度。人们能够在免税店购买全球著名的高档消费品，更重要的是，可以买到独具特色的国产商品。一些国际消费中心免税店的国产商品销售份额占到30%～40%，既扩大了出口，也提高了本国品牌的知名度。另外，新加坡2012年就实行了离境电子退税，入境游客购物时只需一张信用卡作为支付手段，离境时可在3分钟内完成退税流程，为国外游客提供了便利。

四 对我国的启示

国际消费中心形成发展的条件、趋势和经验，为我国建设国际消费中心提供了重要启示。

（一）我国建设国际消费中心正当其时

当前，我国人均收入已接近中等偏上收入国家平均水平，国内中等收入群体持续壮大，入境游客数量位居世界第四，国内外消费联动日益形成，新型消费快速发展。这些都对商品、服务的供给能力和水平提出了更高要求，迫切需要以国际消费中心为新的平台和载体，加快消费升级及新动能培育。

（二）建设国际消费中心要深化供给侧结构性改革和加强政策创新

建设国际消费中心，要结合我国消费升级和全球消费发展的趋势，推进供给结构调整特别是增加中高端有效供给，打造优质特色的中国品牌，促进商品供给与服务供给的互动发展以及不同消费服务行业之间的深度融合。更重要的是，要深化改革和加强政策创新，在改善消费环境、健全法律法规、提供财税支持等方面下功夫，以强化消费维权保护、保障消费安全，营造集聚国内外消费的良好生态。

（三）国际消费中心建设要有序推进和加快探索

国际消费中心发展有其历史必然，体现了不同城市所在国的发展要求和特色。我国建设国际消费中心既要结合新阶段改革创新的要求，也要结合相关城市的基础，从国家层面统筹推进，避免资源分散和遍地开花。可选择消费市场规模大、消费创新活跃的大型中心城市先行先试，探索有效路径，在取得经验和条件成熟时进行复制推广。

国务院发展研究中心市场经济研究所

“新时期我国建设国际消费中心的政策研究”课题组

课题负责人：王　微

课题组成员：任兴洲　王　青　漆云兰　李　布　刘　涛

执　笔　人：刘　涛　王　微

参考文献

［1］ Dana L. Alden, Jan-Benedict E. M. Steenkamp, Rajeev Batra. Consumer attitudes toward marketplace globalization: Structure, antecedents and consequences ［J］. International Journal of Research in Marketing, 2006, 23: 227－239.

［2］ Yuwa Hedrick-Wong, Desmond Choong. MasterCard Global Destination Cities Index 2015 ［EB/OL］. https: //www. mastercard. us.

［3］ Edward L. Glaeser, Jed Kolko, Albert Saiz. Consumer City ［R］. NBER Working Paper, 2000, 7790.

［4］ Office of Policy and International Affairs. Well-known Marks ［EB/OL］. https: //www. uspto. gov.

［5］ 李明德. 关于反不正当竞争法的几点思考［J］. 知识产权，2005（10）.

［6］ 杨琳. 大都市的大智慧——纽约［J］. 中国信息界，2013（12）.

［7］ 朱丽娜. 东京六本木新城，超大型多功能城市现代服务业集合体［J］. 国际市场，2013（4）.

我国加快发展国际消费中心的思路与政策建议*

内容摘要： 国际消费中心是国际化大都市的核心功能之一，是一国乃至全球消费市场的制高点，全球消费资源的集聚地，具有强大消费引领和带动作用。我国经济发展进入新常态，正处在培育和发展国际消费中心的关键时期，一些消费和市场发展领先的大型中心城市，已初步具备了向国际消费中心转型的条件和基础。但在探索实践过程中，这些城市也面临一系列问题和障碍，迫切需要国家加强战略谋划和加快体制机制创新，以大型中心城市为依托，以“增供给、补短板、优环境、推改革、建示范”为重点，加快培育和建设国际消费中心，使其成为我国积极扩大和引领消费、全面提升对内对外开放水平、促进产业结构优化升级的新引擎和新载体。

关键词： 国际消费中心　体制机制　创新　政策

一　加快建设国际消费中心意义重大

国际消费中心是国际化大都市的核心功能之一，是一国乃至全球消

* 本文刊发于国务院发展研究中心《调查研究报告》第29号（总5104号），2017年3月3日。

费市场的制高点，消费资源的集聚地，具有强大消费引领和带动作用。当前，我国经济社会发展正处于结构调整、动力转换的关键时期，培育和建设国际消费中心，是进一步扩大和提升消费、加快形成消费引领发展新格局的重要途径，也将为深化供给侧结构性改革、提高城镇化发展质量和培育全球竞争新优势提供有力支撑。

（一）引领新常态迫切需要依托国际消费中心形成新动能

从国际经验来看，欧美发达国家在达到中等收入水平、进入工业化和城镇化中后期阶段，依托纽约、巴黎等国际化大都市形成的国际消费中心，不仅成为全球领先的消费市场，而且通过不断集聚全球消费资源和实现消费创新，增强对周边城市、本国乃至全球消费的强大引领和带动能力，为实现消费驱动增长注入巨大动能。2015 年，我国消费增速在21 世纪首次超过投资增速，对经济增长的贡献率达到60.9%。目前，我国正处在消费引领发展新格局形成的关键时期，迫切需要加快培育具有强大创新能力和集聚能力的国际消费中心，为我国城乡居民实现消费升级、进一步提升消费市场能级形成支撑，为新时期国民经济健康发展提供新动能。

（二）深化供给侧结构性改革迫切需要以国际消费中心为新抓手

我国城乡居民消费正处在“从无到有”到“从有向好”、从商品到服务转型升级的关键阶段，商品消费新需求不断涌现，服务消费占比日益提高，迫切需要改善商品和服务供给能力和供给水平。加快国际消费中心建设，不仅能够加快扩大新型消费市场规模，而且可以有效集聚各类消费资源和促进消费创新，为实现供给侧结构性改革提供更为明确的市场信号，引导各类市场主体加快产品、服务及商业模式创新，促进政府加快消费市场监管治理体系、法治化营商环境等方面的改革创新。

（三）参与全球消费市场竞争迫切需要以国际消费中心为新载体

随着经济全球化的深入推进，全球消费市场一体化成为新的趋势，国际消费中心日益成为各国参与全球消费市场竞争、集聚全球消费资源、吸引全球消费的新载体。我国不仅是全球消费品的制造大国，更是全球最大和最具潜力的消费市场，是全球消费市场竞争的主战场。加快国际消费中心建设，不仅有利于吸引全球优质商品和服务进入，成为吸引我国乃至全球消费者的全新国际消费场所，而且也将成为中国品牌和文化展示窗口和进入全球市场的通道，为我国参与全球消费市场竞争、抢占全球消费市场制高点提供有力支撑。

（四）加快国际化大都市建设、提高新型城镇化发展质量迫切需要以国际消费中心为突破口

当前我国已进入城市化中期阶段，城市化水平提升对消费的促进作用日益显现（见图 1），长三角、珠三角及京津冀等东部沿海地区大型城市群的消费市场规模在全国占比已超过 40%。在城市群加快发展的过程中，迫切需要以上海、北京、广州和深圳等中心城市为依托，以服务经济为导向，以提升消费为引领，以制度创新为支撑，加快国际消费中心建设，打造全新城市消费功能，进一步提升中心城市在区域乃至国内外的影响力和辐射带动作用，更好地促进不同城市之间的协调发展。

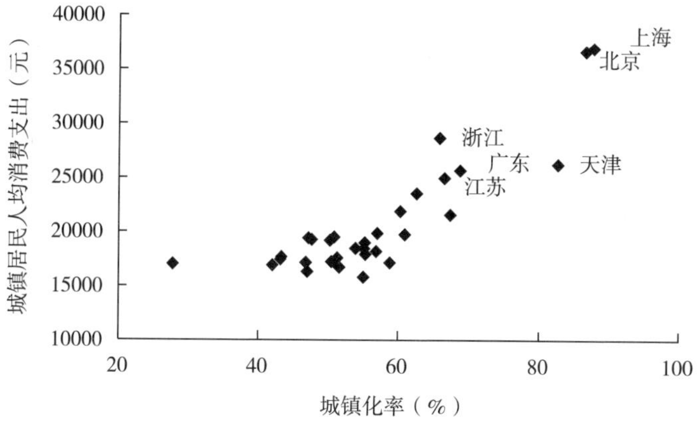

图1　我国城镇化率与消费水平的相互关系（2015年）

资料来源：国家统计局。

二　我国建设国际消费中心已具备基础和条件

我国消费市场经过持续快速发展，目前已形成了一批消费规模全球领先、初具消费集聚和创新引领能力的大型消费城市，成为最具潜力成为国际消费中心的大型消费城市①。

（一）消费市场规模进入全球前列

2015年，我国的上海、北京、广州、深圳等城市已进入全球50个最大消费城市行列。其中，上海和北京的社会消费品零售额均超过1万亿元，成为位居前10位的全球最大消费城市，地区生产总值中最终消费支出所占比重（消费率）分别达到59.1%和63%，高于全国7.5个和11个百分点，消费对经济增长的贡献率达到70%左右。

① JLL，Destination Retail 2016-Retailers expanding in leading cities around the world。

（二）高端消费资源加快集聚

根据“全球跨境（奢侈品）零售商吸引力指数”①，上海、北京已成为全球十大最具消费吸引力的城市，是国际知名品牌和奢侈品最青睐的主要城市（见表1）。近年来，国内外知名消费品牌、企业总部加快向大型消费城市集中，形成了一批全球知名商圈。如上海南京西路商圈已汇集跨国公司地区总部22家，国内外品牌近1600个，其中国际知名品牌1000多个，吸引了大量国内中高端消费群体及国际游客消费。2015年，上海、深圳两市共接待国际旅游入境者超过1500万人次，约占全国比重为12%，入境旅游外汇收入占比超过20%。

表1　全球跨境（奢侈品）零售商吸引力前十位的城市

排名	跨境零售商吸引力	跨境奢侈品零售商吸引力
1	伦敦	伦敦
2	香港	香港
3	巴黎	巴黎
4	迪拜	东京
5	纽约	纽约
6	上海	上海
7	新加坡	新加坡
8	北京	迪拜
9	科威特城	北京
10	东京	大阪

资料来源：JLL，Destination Retail 2016-Retailers expanding in leading cities around the world。

---

① 全球跨境（奢侈品）零售商吸引力指数 = 某城市拥有的（奢侈品）零售商品牌数/各城市平均拥有的（奢侈品）零售商品牌数×100。该指数涵盖全球140个城市，包括240个国际零售品牌。其中，品牌的入选门槛是至少在美洲、欧洲、亚太、中东和非洲中的两个区域有广泛的销售网络。

（三）消费创新引领作用不断增强

近年来，在我国大型消费城市中涌现出一批具有一定国际竞争力的本土品牌，在引领和创新全球消费方面发挥了重要作用。在手机和数码消费等新兴领域，涌现出了华为、小米、OPPO 等十多个国内外知名手机品牌，深圳也成为全球重要的手机总部基地、研发中心和软件中心。在服装、珠宝等消费领域，深圳也集聚了大量知名品牌，出现雅莹（EP）、TTF 等能够进入全球市场、引领全球时尚的中国品牌。

（四）国际消费中心建设开始起步

如上海市将静安区作为上海国际消费城市示范区，围绕提升外来消费，建设国际一流消费市场，重点在建设优秀品牌集聚区、品质消费示范区、上海特色商旅文体验区和智慧商圈实践区等方面加快探索；深圳市也将罗湖区作为消费型经济综合改革试验区，围绕发展文体、旅游、健康、信息、邮轮游艇等新型消费，加快体制机制创新探索。

三 我国建设国际消费中心亟待破解的问题和障碍

（一）商品和服务有效供给不足，大量消费流失境外

与消费升级的要求相比，我国现阶段改善型、享受型商品和服务的有效供给明显不足，而低端同质商品和服务供给相对过剩，导致大量中高端和新兴服务消费外流。2006—2015 年，我国出境游人数由 3452 万人次增长到 12786 万人次，年均递增 15.7%，境外消费也由

158 亿美元猛增到 2150 亿美元，出境旅游消费额已位居世界第一，年均增长 33.7%（见图 2）。

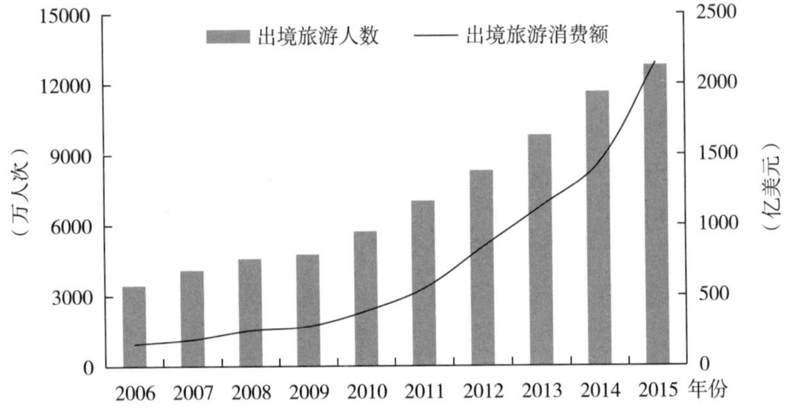

图 2　2006—2015 年我国出境旅游人数和消费额的增长

资料来源：原国家旅游局、世界旅游业理事会。

与境外消费形成鲜明反差，入境游客消费额增长缓慢。虽然我国自 2011 年开始，相继在 14 个省区市实行境外旅客购物离境退税政策，但 70% 以上的入境游客消费集中在 500～3000 美元，其中旅游购物占比不到 10%①，很大程度上反映出国内商品和服务还难以满足国际消费需求，导致境外游客消费意愿不强。

（二）实现和集聚消费的基础设施存在短板

一方面，我国商业、旅游、文化娱乐、教育医疗、金融、信用体系等消费基础设施和配套设施相对薄弱（见表 2），直接影响消费体验。以信息基础设施为例，2015 年我国固定宽带人口普及率为 14.4%，全球排名第 67 位，与 OECD 国家平均水平（30%）差距明显；我国移动

① 中国旅游研究院：《中国入境旅游发展年度报告 2015》，旅游教育出版社 2015 年版。

宽带人口普及率为41.8%，仅略高于40.1%的世界平均水平[①]。另一方面，各种消费行业之间、基础设施和商业之间的融合互动和衔接不足。例如，城市商务区、旅游景点、交通枢纽与主要商业网点和商圈建设之间脱节的现象较为明显。

表2　2013年消费设施的国际比较

国家	人均铁路里程（公里/百万人）	商业银行分行（个/十万成人）	自动柜员机（个/十万成人）	固定宽带用户（户/百人）	移动网络用户（户/百人）	安全的互联网服务器（个/百万人）	医院病床（张/千人）
中国	49.1	7.8	46.9	13.6	88.3	5.2	3.3
美国	488.4	33.7	—	30.4	98.2	4304.0	2.9
英国	247.3	25.1	128.5	35.5	121.1	2832.5	2.8
法国	454.2	38.6	109.0	39.0	99.1	821.3	6.3
德国	414.8	14.9	118.4	35.3	123.2	2601.2	8.3
日本	152.5	33.9	128.3	28.8	115.3	1054.7	13.3
韩国	72.7	18.0	288.6	37.2	108.6	337.1	10.9
中高收入国家	—	14.8	44.5	11.1	104.8	34.0	3.1
高收入国家	—	22.8	63.4	29.7	117.3	2119.5	5.3

资料来源：世界银行数据库。

（三）促进消费升级和创新面临体制机制障碍

第一，相关法律法规不健全。在新业态、新模式不断涌现情况下，一些现行法律法规已不适应创新发展需要，或者在执行过程中存在配套法规不完善、与其他法律缺乏协调等问题。同时，网络诈骗、假冒伪劣、虚假宣传等问题依然存在，消费信息安全、金融支付安全、消费者

① Broadband Commission for Digital Development："The State of Broadband 2015"，http：//www.broadbandcommission.org.

权益保护等问题依然突出。

第二，标准体系建设滞后。与近年来服务业快速发展相比，服务标准体系建设明显滞后，新兴行业标准缺失，现行服务标准和规范整体水平不高、可操作性不强、宣传力度不够等，也导致一些标准在实施过程中效果不明显。

第三，市场监管有待进一步改革。部分服务行业依然面临行政审批过多、相关限制性条件过严等问题。例如我国现行医疗美容机构临床科室设置规定要求，必须设立 4 个二级科目，资质要求明显严于韩国等医疗美容大国。部分服务行业还存在垄断，民营资本进入文化、教育、医疗等新兴服务消费领域仍受到一定限制，很大程度上影响服务行业供给扩大和质量提升。此外，重审批、轻监管的情况依然存在，有的部门或地方虽然加强了事中事后监管，但基于大数据的监管、社会共治的理念尚未形成，而政府部门之间的监管缺乏有效协调，也造成不少新的风险隐患和监管盲区。

第四，对外开放力度有待加大。在商品消费方面，与发达国家相比，中高端消费品进口关税、进口环节增值税和消费税相对偏高，不仅造成大量消费外流，而且不利于国内消费品制造业加快升级；在服务消费方面，健康医疗、教育文化、休闲娱乐等消费服务行业的对外开放相对较慢，市场准入和投资的审批限制依然存在；在吸引国际消费方面，存在旅游签证等便利化水平不高，免签国家扩围速度较慢，国内不同城市之间出入境和边检信息互通水平较低，免税退税政策试点范围小等问题，难以吸引更多国际游客入境消费。

四 建设国际消费中心的发展思路与政策建议

依据我国消费发展的新趋势和新要求，结合国际消费中心发展的国际经验，加快建设国际消费中心应紧紧围绕“增供给、补短板、优环境、推改革、建示范”，进一步推进供给侧结构性改革，加快体制机制创新探索，使国际消费中心成为我国积极扩大和引领消费、促进产业结构优化升级、全面提升对内对外开放水平的新引擎和新载体。

（一）“增供给”

积极扩大中高端消费品供给。鼓励跨境电商、市场采购贸易、外贸综合服务企业等外贸新业态的综合发展，多渠道扩大中高端消费品进口，丰富国内消费市场的供给和促进国内消费品市场竞争，倒逼国内制造业转型升级、加快产品创新和提升品质，培育自主品牌和增强竞争力。

加快培育和发展新型消费。结合信息化、绿色化、智能化、高端化、服务化等消费发展新趋势，深入推动消费产品及服务差异化、个性化、定制化，重点培育以健康、美容、教育、培训、文化、体育、旅游为代表的新兴消费服务业，促进国际消费中心产业结构加快调整升级。

促进消费领域互动融合和创新发展。特别是强化商品消费和服务消费间的融合互动，促进旅游、文化、购物、娱乐、健康、餐饮等行业之间的积聚和一体化发展，创新业态和商业模式，打造多样化消费共同发展的良好生态，进一步提升国际消费中心的创新能力和综合吸引力。

（二）“补短板”

合理规划和着力打造一批具有较强国内外影响力的新型消费商圈或商业街区，培育新型消费发展载体。通过加快引入新业态、新品牌、新商业模式，拓展新型消费产业和各类消费服务业发展空间，强化消费中心城市买全球、卖全球的商业贸易功能，促进传统商圈向消费体验中心、休闲娱乐中心、文化时尚创意中心、产品和服务设计定制中心、消费业态和模式创新中心等新型发展载体转变。

加快提升国际消费中心基础设施水平。在大型中心城市内部，注重完善商业设施布局，加快建设高水平城市公共交通体系，提升城市信息化水平，特别是强化信息化在各类商业载体中的覆盖和应用。在区域和国家层面上，高度重视国际化综合交通枢纽建设和城际间的高铁及轨道交通发展，进一步增强国际消费中心与周边城市、全球各地消费中心城市之间的互联互通。

（三）“优环境”

鼓励地方政府建立综合性执法机构，加大商品质量、食品安全、市场秩序综合监管和治理，依法严厉打击制假、售假行为，全面推进社会信用体系建设，为国内外消费者提供安全诚信的消费市场环境。

加快提升城市的国际化环境，特别是语言环境，提升市民英语水平，规范公共场所的外语标识，建立多语种的服务呼叫中心，并探索建立符合国际惯例的快捷消费纠纷、紧急医疗等救助机制。

（四）“推改革”

进一步放宽健康医疗、整容美容、文化创意、休闲娱乐等新兴消费服务业的市场准入，简化资质条件和审批流程，打破垄断，重点鼓励民营资本投资。

完善有利于促进消费的税收政策。重点结合消费升级和吸引国际消费研究推进消费税改革，进一步降低中高端消费进口税负，加快海南等地免税政策的复制推广，扩大国际游客退税试点地区并进一步简化退税程序。

加强城市商圈改造和建设用地保障。将商圈打造、商业设施建设与城市功能调整、产业转移升级及城市更新统筹推进，积极探索利用城市更新、工业园区转型及集体土地等土地资源的新方式，进一步提高城市用地使用效率。

进一步提升服务业对外开放水平。重点加快健康医疗、教育文化、休闲娱乐等新兴消费服务领域的对外开放步伐，在国际消费中心加快试点探索国际通行的负面清单制度，鼓励外商投资消费服务领域。

提高国际消费便利化。在进一步简化和优化人员和货物出入境管理的基础上，积极扩围双边免签证国家，加强国内不同口岸和城市出入境信息共享；探索对游学、医疗、美容、老人等特殊游客和人群提供入境签证便利化措施；提高邮轮母港的游客出入境管理便利化水平，为境外游客入境旅游消费提供条件。

建立适应服务业发展要求和体现消费实际情况的消费统计指标体系，特别是构建国际消费中心的衡量和发展指标，强化国际消费中心的分析、评估工作，增强地方政府发展服务业的积极性。

（五）“建示范”

国际消费中心建设应从国家层面合理布局和统筹推进，可依托具备条件和基础的大型中心消费城市开展创新试点。建议在东部经济发达地区选择1~2个国际化程度高、消费市场规模进入全球前列、消费创新引领能力较强的大型中心城市或其消费经济比较发达的城区，作为建设国际消费中心的示范区或改革创新试验区，围绕体制机制、政策体系及发展载体建设等内容进行先行先试。在取得初步经验的基础上再复制推广，以在更大范围推动消费新动能的形成和扩张。

国务院发展研究中心市场经济研究所

“新时期我国建设国际消费中心的政策研究”课题组

课题负责人：王　微

课题组成员：任兴洲　王　青　漆云兰　李　布　刘　涛

执　笔　人：王　青　王　微

附录二

商务部等14部门关于培育建设国际消费中心城市的指导意见*

商运发〔2019〕309号

培育建设国际消费中心城市，带动一批大中城市提升国际化水平，加快消费转型升级，是推动经济高质量发展和新一轮高水平对外开放的重要举措，对于促进形成强大国内市场、增强消费对经济发展的基础性作用、更好满足人民日益增长的美好生活需要具有重要意义。为加快我国国际消费中心城市培育建设，经国务院同意，现提出以下意见：

一 总体要求

（一）指导思想

以习近平新时代中国特色社会主义思想为指导，全面贯彻党的十九大和十九届二中、三中全会精神，按照党中央、国务院决策部署，统筹利用两个市场、两种资源，着力推进供给侧结构性改革。以规划引导、机制创新、标准对接、市场驱动、政策支持为重点，形成规则健全、统

* 资料来源：http://www.mofcom.gov.cn/article/jiguanzx/201910/20191002907457.shtml。

一开放、竞争有序、畅通高效的现代市场体系。以扩大消费规模、提升消费品质、引领消费趋势、吸引消费回流、促进消费升级为主要目的，着力提升消费供给水平，完善消费设施，改善消费环境，加快培育建设具有国际水准和全球影响力的消费中心城市，在中高端消费领域培育新增长点，形成新动能，促进形成强大国内市场。

（二）基本原则

完善设施与优化环境相结合。加强城市消费硬环境建设，完善消费设施布局，提升消费便利度，同时着重优化消费软环境，健全现代城市功能，美化市容市貌，强化人文品质，营造良好秩序，提升消费舒适度。

补足短板与创新提升相结合。把握我国主要城市在消费领域存在的问题和不足，破除体制机制障碍，补足短板，同时注重创新引领，推动转型升级。

对标国际与突出特色相结合。培育建设应对照高标准，充分借鉴利用国际先进经验，同时要因地制宜，凸显中国元素，形成区域特色。

政府引导与市场运作相结合。充分发挥地方在培育建设工作中的推动作用，强化统筹协调和组织实施，遵循市场机制和现代城市发展规律，充分发挥市场在资源配置中的决定性作用，增强培育建设的内生动力。

整体规划与局部推进相结合。国际消费中心城市培育建设工作要整体规划，同时要集中力量和资源在重点区域、优势领域有所突破并形成标志性成果，避免资源分散、“遍地开花”。

（三）工作目标

利用 5 年左右时间，指导基础条件好、消费潜力大、国际化水平较高、地方意愿强的城市开展培育建设，基本形成若干立足国内、辐射周边、面向世界的具有全球影响力、吸引力的综合性国际消费中心城市，带动形成一批专业化、特色化、区域性国际消费中心城市，使其成为扩大引领消费、促进产业结构升级、拉动经济增长的新载体和新引擎。

二 重点任务

（一）聚集优质消费资源

引导企业增加优质商品和服务供给，提升消费供给水平。充分利用中国国际进口博览会等开放平台，多渠道扩大适应国内消费升级需求的特色优质产品进口。发展品牌经济，吸引国内外知名品牌新品首发。着力推动国内销售的国际品牌与发达国家市场在品质价格、上市时间、售后服务等方面同步接轨。加快培育本土品牌，落实消费品工业增品种、提品质、创品牌举措，推进产品内外销“同线同标同质”，提升产品品质，大力推动中华老字号创新发展。加快培育和发展健康、养老、托育、家政、教育、培训、文化、体育、旅游、美容、养生、中医药等服务消费产业，进一步提升生活服务品质，形成一批带动性强、示范效果好、服务品质优的服务企业。

（二）建设新型消费商圈

合理规划打造一批具有较强国际影响力的新型消费商圈，参照国际先进经验和标准，推进智慧商圈建设，培育新型消费发展载体。加快商业街提档升级，重点开展商业步行街改造提升工作，推动设施改造、品牌集聚、业态互补、错位发展，将中国元素、区域文化融入商圈建设，彰显中国特色。鼓励引进国内外品牌首店、旗舰店和体验店等业态。举办形式多样的促销活动，实现名品名店名街联动。拓展新型消费产业和各类生活性服务业发展空间，强化“买全国、卖全国，买全球、卖全球”的商业贸易功能，发挥消费集聚示范作用。

（三）推动消费融合创新

鼓励企业充分运用现代信息技术，发展新业态，探索新模式，推动实体商业转型升级。促进线上线下深入融合、商品和服务消费互动融合、流通和生产对接融合，打造一批商旅文体联动示范项目，推动商旅文体、游购娱融合发展。推动商品交易市场优化升级，培育现代供应链综合服务企业。促进传统百货店、购物中心、大型体育场馆、闲置工业厂区向消费体验中心、休闲娱乐中心、文化时尚中心、健康管理和维护中心、养生养老中心、产品和服务设计定制中心等新型发展载体转变，拓宽消费功能，丰富消费内涵，发挥国际消费中心城市在消费领域的创新引领作用。

（四）打造消费时尚风向标

把握国际消费新潮流，培育发展一批“博览会”“购物节”“时尚周”“消费展”等国际产品和服务消费新平台，打造适合不同群体的时尚消费地标，汇聚提升城市时尚消费的影响力和辐射力。整合城市消费资源，鼓励国内外重要消费品牌发布新产品、新服务，及时发布和更新旅游、娱乐、文化、体育等消费信息。促进时尚、创意等文化产业新业态发展，培育一批有国际影响力的网站、期刊、电视、广播等时尚传媒品牌，打造国际时尚消费的风向标。

（五）加强消费环境建设

开展城市环境美化建设，优化生态宜居环境，提升服务质量与水平，规范服务场所多语种标识，提升城市国际化水平。完善便捷高效的立体交通网络，畅通国内外旅客抵离通道，优化城市商业设施布局，促进大型商业设施与市政交通互联互通，建立健全高效物流配送体系，新建和改造社区便民服务中心和街区生活服务集聚中心，促进便利店品牌化连锁化发展，提升消费便利度。健全市场监管和消费维权体系，畅通消费投诉举报渠道，加强商品质量、食品安全、市场秩序综合监管和治理，打击侵权假冒行为，全面推进诚信体系建设，建立健全重要产品追溯体系，营造安全放心的消费市场环境。

（六）完善消费促进机制

制定完善促进消费相关政策。完善免税店政策，引导免税店、离境退税商店提高国产优质产品经营比重，鼓励境外旅客购买国产品牌。稳妥推进健康医疗、教育文化、休闲娱乐等消费领域和相关服务业对外开放，提升金融服务在促进消费方面的支持作用。借鉴国际通行做法，提升通关和签证便利化，扩大过境免签的城市范围、延长过境停留时间，优化境外旅客购物离境退税服务，促进国际消费便利化。完善城市街区商圈、社区便民服务中心、闲置厂房改造为商业综合体等用地保障，积极探索出台有利于降低商业成本、促进消费的政策措施，提升城市消费竞争力。

三 组织实施

（一）加强组织领导

发挥完善促进消费体制机制部际联席会议作用，商务部会同相关部门负责统筹指导，协调推进，制定完善国际消费中心城市培育建设工作方案和指标体系。具备条件的省（区、市）人民政府要结合实际情况，综合考虑城市基础条件、消费潜力、国际化水平、工作举措等因素，指导相关城市制订培育建设实施方案，做好培育建设工作。

（二）完善配套措施

培育建设试点城市要结合自身发展规划和目标定位，依据实施方案，完善相关软硬件配套措施。提升城市基础设施水平，完善公共交通、网络通信、停车场、公共厕所、卫生及安全等公共设施。优化消费软环境，提升市民文明素养，改善语言环境，探索建立符合国际惯例的快捷消费纠纷解决机制，建立完善综合咨询、智力支持等服务机制。

（三）建立沟通机制

商务部会同有关部门建立定期沟通机制，加强培育建设试点城市间交流以及相关部门间沟通。相关部门要与培育建设试点城市保持密切联系，跟踪进展情况，及时发现和解决培育建设过程中的问题。适时组织开展国际交流合作，充分借鉴国际成功经验和先进做法。

（四）强化宣传引导

培育建设试点城市要高度重视宣传引导，将培育建设工作纳入当地城市整体宣传计划，通过互联网等多种方式加大培育建设工作进展和成效的宣传，扩大影响力，形成公众广泛参与、社会高度重视的良好氛围。

商务部　外交部　发展改革委　工业和信息化部
财政部　住房城乡建设部　交通运输部　文化和旅游部
卫生健康委　人民银行　海关总署　税务总局
市场监管总局　体育总局

2019 年 10 月 14 日

后　记

市场经济研究所是国务院发展研究中心成立最早的部门之一，长期从事市场、流通、消费及服务业等方面的政策研究，在建立和完善社会主义市场经济体制的过程中，对我国流通体制、价格改革、住房制度改革、创建期货市场以及建立现代市场体系等一系列重大改革和中长期发展规划制定，做出了诸多开创性的历史贡献。

2016年年初我任市场经济研究所所长伊始，国家颁布的“十三五”规划纲要中提出了“国际消费中心”的概念，其中明确要“以重要旅游目的地城市为依托，优化免税店布局，培育发展国际消费中心”。与此同时，深圳提出了要探索建设“国际消费中心先行先试区”，上海提出了要加快建设“世界级消费城市”。长期从事消费、服务业政策研究的职业敏感性使我意识到，这将是“十三五”乃至更长时期我国激发消费活力潜力、促进流通与服务创新、推进体制机制改革和扩大高水平开放的重要研究题目。如果能取得一些高质量的政策研究成果，将对国家谋划和推动这项工作发挥高端智库的重要作用，也将成为市场经济研究所政策研究领域的创新和拓展。

为此，我带领团队于2016年上半年启动了相关研究工作，进行了大量的理论分析和国际经验梳理，并先后对上海、深圳、成都、武汉等城市开展了典型研究，与大量国内外消费品牌企业、零售和服务企业及各地商务部门座谈访谈，理清了对国际消费中心城市及其发展规律和所需政策环境的认识，深入分析了我国国际消费中心城市建设的基础条件、存在的短板问题，系统提出了我国加快培育和建设国际消费中心城市的一系列政策建议。

我们的研究认为，国际消费中心是经济全球化时代国际大都市的重要核心功能，是具有丰富消费内容、高端消费品牌、多样消费方式、优越消费环境，能够吸引全球消费者的高度繁荣的消费市场，是全球消费资源的配置中心以及引领全球消费发展的创新高地。从世界范围看，国际消费中心城市是具备国际消费中心功能的大型城市，是伴随全球化持续发展和全球消费市场一体化的重要产物，其发展呈现出多样化和层次分化的趋势，并有赖于开放包容的制度环境与配套完善的政策体系。

我们的研究成果呈送后，得到了李克强总理等多位国务院领导的批示，对商务部等多个部委部署相关工作、制定出台文件起到了直接推动作用。在学术界，我们的研究成果也受到了较多关注和认可，一些公开发表的论文被《新华文摘》和中国人民大学《复印报刊资料》等期刊转载。

在整个研究过程中，我和我的团队得到了国内消费研究领域多位知名专家的指导和支持。他们是：中国市场学会原理事长高铁生、中国国际经济交流中心总经济师陈文玲、中国商业联合会副会长傅龙成、中国人民大学教授马龙龙、中国社会科学院财经战略研究院流通产业研究室主任依绍华、商务部国际贸易经济合作研究院流通与消费研究所所长董超、中国国际贸易促进委员会研究院副院长赵萍、北京工业大学教授祝合良。在此，谨向他们表示诚挚谢意。

我还要特别感谢上海市商务委员会、武汉市商务局、成都市商务局、成都市服务业研究院、深圳市罗湖区工业和信息化局对整个研究特别是实地调研提供的大力支持。尤其是武汉市商务局在2020年上半年新冠肺炎疫情防控的关键时期，仍尽可能地给予我们研究上很大的协助。

再有，一些访问学者和实习生也阶段性地参与了相关研究工作，并发挥了重要作用。他们是：商务部流通产业促进中心研究员陈丽芬、中华全国供销合作总社管理干部学院副研究员艾永梅、国研智库研究部博士后胡国良、北京大学经济学院博士后张然、中国人民大学博士研究生陈锦然。另外，国务院发展研究中心市场经济研究所原所长任兴洲研究员也在整个研究初期阶段提供了很多具有启发性的观点，新入职的苏诺雅助理研究员协助更新了本书的部分数据图表。在此，也一并向他们表示衷心感谢。

需要说明的是，本书“地方实践篇”的内容是按照完成时间进行排序的，很大程度上反映了我们对这一研究题目的持续思考和认识深化。考虑到其中内容的相对完整性以及读者阅读的便利性，对一些重复但重要的论述和图表也做了必要保留。

值得欣喜的是，党的十九届五中全会通过的《中共中央关于制定国民经济和社会发展第十四个五年规划和二〇三五年远景目标的建议》以及第十三届全国人民代表大会第四次会议审查批准的《中华人民共和国国民经济和社会发展第十四个五年规划和2035年远景目标纲要》中，都纳入了“培育建设国际消费中心城市”的内容，并将其作为全面促进消费、加快培育完整内需体系进而形成强大国内市场、构建新发展格局中的一项重要任务。同时，各地对申报国际消费中心城市培育建设试点的热情很高，研究需求也很多，希望我们的研究成果能够尽快呈现出来，为推动实际工作提供更大支持。

后续我们还将继续进行深化研究，努力形成更多有价值、高质量的成果，更好地服务中央、服务大局、服务建设现代化国家的新征程。

国务院发展研究中心市场经济研究所所长、研究员

王　微

2021年4月20日于北京